기초부터 배우는
최신 스토리지 입문

KISO KARA NO ATARASHII STORAGE NYUMON

Copyright © 2023 Yukinori Sakashita

Original Japanese edition published by Socym Co., Ltd. All rights reserved.
This Korean edition was published by J-Pub Co., Ltd. in 2024 by arrangement with Socym Co., Ltd. through Danny Hong Agency.

이 책의 한국어판 저작권은 대니홍 에이전시를 통해 저작권자와의 독점 계약으로 제이펍에 있습니다.
신저작권법에 의해 한국 내에서 보호를 받는 저작물이므로 무단 전재와 무단 복제를 금합니다.

기초부터 배우는 최신 스토리지 입문

1판 1쇄 발행 2024년 12월 19일

지은이 사카시타 유키노리
옮긴이 이민성
펴낸이 장성두
펴낸곳 주식회사 제이펍

출판신고 2009년 11월 10일 제406-2009-000087호
주소 경기도 파주시 회동길 159 3층 / **전화** 070-8201-9010 / **팩스** 02-6280-0405
홈페이지 www.jpub.kr / **투고** submit@jpub.kr / **독자문의** help@jpub.kr / **교재문의** textbook@jpub.kr

소통기획부 김정준, 이상복, 안수정, 박재인, 송영화, 김은미, 배인혜, 권유라, 나준섭
소통지원부 민지환, 이승환, 김정미, 서세원 / **디자인부** 이민숙, 최병찬

진행 김은미 / **교정·교열** 이슬 / **내지 디자인** 이민숙 / **내지 편집 및 표지 디자인** 블랙페퍼디자인
용지 에스에이치페이퍼 / **인쇄** 한승문화사 / **제본** 일진제책사

ISBN 979-11-93926-80-2 (93000)
책값은 뒤표지에 있습니다.

※ 이 책은 저작권법에 따라 보호를 받는 저작물이므로 무단 전재와 무단 복제를 금지하며,
  이 책 내용의 전부 또는 일부를 이용하려면 반드시 저작권자와 제이펍의 서면 동의를 받아야 합니다.
※ 잘못된 책은 구입하신 서점에서 바꾸어드립니다.

제이펍은 여러분의 아이디어와 원고를 기다리고 있습니다. 책으로 펴내고자 하는 아이디어나 원고가 있는 분께서는
책의 간단한 개요와 차례, 구성과 지은이/옮긴이 약력 등을 메일(submit@jpub.kr)로 보내주세요.

기초부터 배우는
최신 스토리지
입문

사카시타 유키노리 지음
이민성 옮김

개념과 구조부터 가상 머신,
쿠버네티스, 운용 노하우,
클라우드 네이티브까지

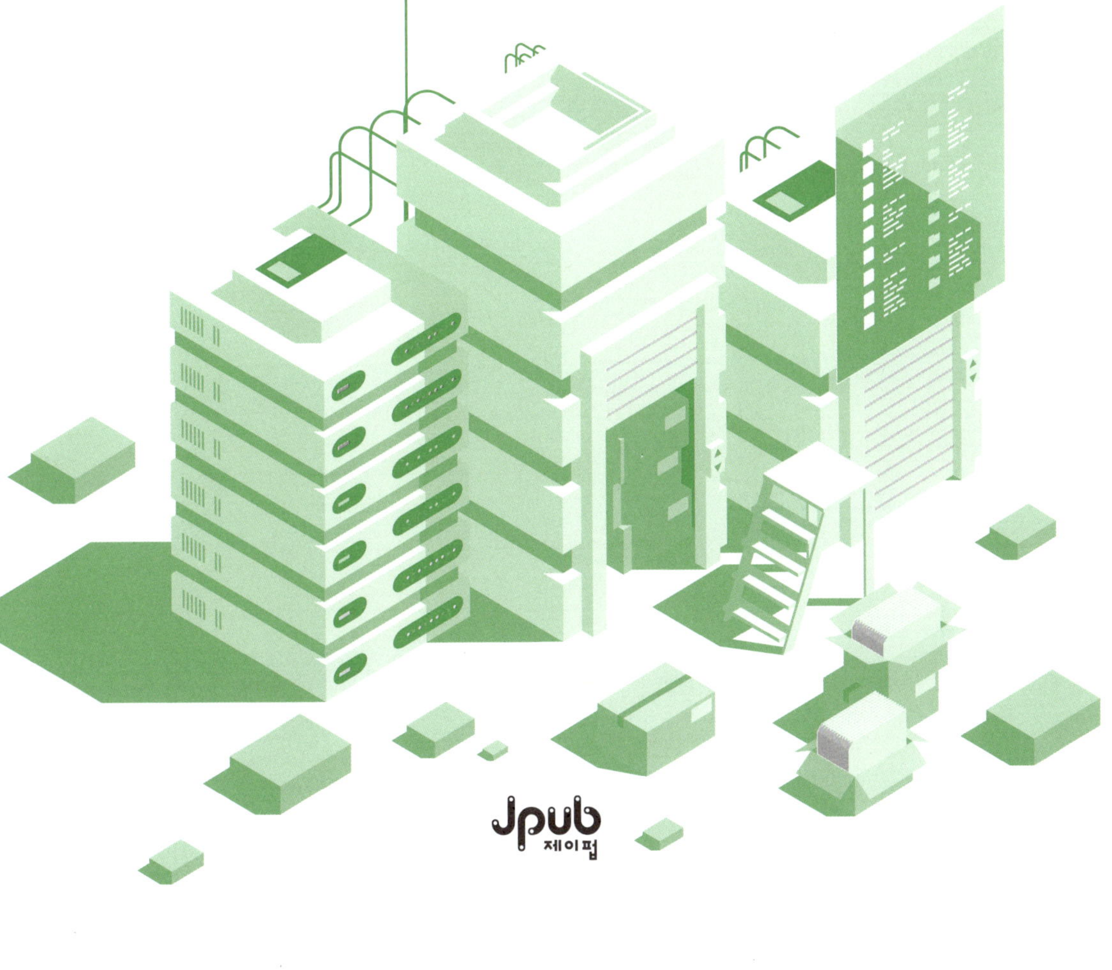

Jpub
제이펍

※ 드리는 말씀

- 이 책에 기재된 내용을 기반으로 한 운용 결과에 대해 지은이/옮긴이, 소프트웨어 개발자 및 제공자, 제이펍 출판사는 일체의 책임을 지지 않으므로 양해 바랍니다.
- 이 책에 등장하는 회사명, 제품명은 일반적으로 각 회사의 등록상표 또는 상표입니다. 본문 중에는 ™, ⓒ, ⓡ 등의 기호를 생략했습니다.
- 이 책에서 소개한 URL 등은 시간이 지나면 변경될 수 있습니다.
- 책의 내용과 관련된 문의사항은 지은이/옮긴이나 출판사로 연락해주시기 바랍니다.
  - 옮긴이: qqaa787@naver.com
  - 출판사: help@jpub.kr

차 례

옮긴이 머리말 ix
베타리더 후기 x
시작하며 xii

CHAPTER 1 　스토리지란?

1.1　스토리지 역사 ·· 3

1.2　스토리지 종류 ·· 6
　　1.2.1　블록 스토리지 7
　　1.2.2　파일 스토리지 7
　　1.2.3　오브젝트 스토리지 7

1.3　스토리지 형식 ·· 9
　　1.3.1　어플라이언스 스토리지 9
　　1.3.2　SDS 10

1.4　스토리지에 사용되는 매체 ··· 12
　　1.4.1　HDD 12
　　1.4.2　SSD 13

1.5　연결 인터페이스 ·· 15
　　1.5.1　SATA와 SAS 15
　　1.5.2　NVMe 16

1.6　서버와 스토리지의 통신에서 사용되는 프로토콜 ············· 17
　　1.6.1　데이터 플레인 프로토콜 18
　　1.6.2　컨트롤 플레인 프로토콜 20

CHAPTER 2 　스토리지 구조

2.1　블록 스토리지 구조 ·· 25
　　2.1.1　스토리지 풀과 데이터 보호 26

차 례 V

2.1.2 볼륨 32
2.1.3 경로 설정 37
2.1.4 replication 41

2.2 파일 스토리지 51
2.2.1 파일 시스템 53
2.2.2 파일 공유와 록 54

2.2 오브젝트 스토리지 57
2.3.1 키-값 저장 방식 59

CHAPTER 3 베어메탈 서버/가상 머신에서의 사용 방법

3.1 베어메탈 서버에서 이용하는 방법 63
3.1.1 블록 스토리지(iSCSI) 이용 예시 65
3.1.2 파일 스토리지(NFS, SMB) 이용 예시 74

3.2 가상 머신에서 이용하는 방법 79
3.2.1 패스스루 모드와 가상 디스크 모드 80
3.2.2 설정 흐름 82
3.2.3 오픈스택 Cinder(블록)를 사용한 볼륨 할당 예시 84
3.2.4 오픈스택 Manila를 사용한 볼륨 할당 예시 88

CHAPTER 4 컨테이너/쿠버네티스에서의 사용 방법

4.1 컨테이너와 쿠버네티스 93

4.2 컨테이너 스토리지 인터페이스 96

4.3 쿠버네티스의 스토리지 모델 100
4.3.1 자원의 범위와 권한 100
4.3.2 접근 모드 102
4.3.3 반환 정책 104

4.4 파드에 볼륨 할당 105

4.5 CSI로 이용할 수 있는 쿠버네티스 스토리지 기능 ... 110
4.5.1 Volume Expansion 110
4.5.2 Raw Block Volume 112
4.5.3 Volume Cloning 115
4.5.4 Volume Snapshot & Restore 115
4.5.5 Topology 119
4.5.6 Generic Ephemeral Inline Volumes 121

CHAPTER 5 스토리지 관리와 설계

5.1 스토리지를 고르는 방법 ... 127
5.1.1 스토리지의 종류와 고려 사항 127
5.1.2 어플라이언스 스토리지 vs. SDS 130
5.1.3 베어메탈 서버 vs. 가상 머신 vs. 컨테이너 133
5.1.4 폐쇄형 클라우드 vs. 공개형 클라우드 136

5.2 스토리지 집약과 멀티 테넌트 설계 ... 140

5.3 장애에 강한 구성 설계 ... 145
5.3.1 드라이브 장애 대책 145
5.3.2 컨트롤러 장애 대책 146
5.3.3 스토리지 서버 장애 대책 147
5.3.4 사이트 장애 대책 148

5.4 백업 ... 150
5.4.1 RPO/RTO의 결정 150
5.4.2 백업 방법 152
5.4.3 백업 계획 예시 155
5.4.4 백업 흐름 156
5.4.5 복원 흐름 158

5.5 모니터링 설계 ... 160
5.5.1 상태 모니터링 163
5.5.2 성능 모니터링 163
5.5.3 용량/비용 모니터링 166
5.5.4 사용자 관점의 모니터링 설계 167
5.5.5 스토리지 관리자 관점의 모니터링 설계 168

5.6 암호화 설계 ... 171
5.6.1 통신로 암호화 171
5.6.2 저장 데이터 암호화 174
5.6.3 백업 암호화 177

5.7 미션 크리티컬 시스템을 위한 설계 ... 181

CHAPTER 6 클라우드 네이티브와 스토리지

6.1 클라우드 네이티브란? ... 187
6.2 서비스 수준에 대한 접근 방식의 변화 ... 190

6.3	스테이트풀 애플리케이션의 보급	192
6.4	클라우드 레디 스토리지와 클라우드 네이티브 스토리지	194
6.5	클라우드 네이티브 스토리지의 대표적인 구조	197

    6.5.1 컨테이너화 스토리지 197

    6.5.2 쿠버네티스 네이티브 스토리지 199

마치며 —— 202

찾아보기 —— 204

옮긴이 머리말

이 책은 스토리지에 대한 필수 지식을 담고 있으며, 스토리지를 처음 배우거나 복습하려는 사람에게 적합합니다. 또한, 스토리지를 직접적으로 다루는 사람은 물론, 그렇지 않은 사람에게도 필요한 내용이라고 생각합니다.

저는 네트워크 엔지니어로 일하고 있지만 요즘에는 NAS의 보급 덕분에 네트워크와 스토리지는 더 이상 별개가 아니며, 자주 다루게 될 가능성이 높다고 생각합니다. 그러므로 여러분이 스토리지를 다루지 않더라도 이 책에 있는 지식 정도는 갖춰야 경쟁력을 유지할 수 있을 것입니다.

물론 이 책에 스토리지에 관한 모든 내용이 담겨 있지는 않습니다. 하지만 핵심적인 스토리지 구조인 블록 스토리지, 파일 스토리지 그리고 최근 화제인 오브젝트 스토리지에 대한 이해를 더할 수 있습니다. 또한 스토리지 관리에 필요한 사고방식과 클라우드 네이티브를 다룹니다.

들어는 본 것 같은데 잘 기억나지 않거나 처음 보는 개념을 이해하는 데 이 책이 도움이 되기를 바라며, 아울러 스토리지와 더 가까워지는 계기가 되길 바랍니다.

이민성

베타리더 후기

 박조은(오늘코드)

스토리지 기술의 전반을 깊이 있게 다루는 종합 가이드입니다. 기본적인 개념 설명부터 최신 클라우드 네이티브 환경에서의 운용 방법까지 체계적으로 설명합니다. 저자의 풍부한 실무 경험을 바탕으로 컨테이너와 쿠버네티스 환경에서의 장애 처리, 보안뿐만 아니라 모니터링까지 스토리지 관리 노하우를 배울 수 있는 책입니다. 스토리지 기술의 전체 그림을 파악하고 싶은 IT 전문가에게 추천합니다.

 신진욱(네이버)

가볍고 단순하게만 생각했던 스토리지 레벨을 깊게 공부할 수 있도록 도와줍니다. 구조, 사용 방법뿐 아니라 스토리지의 관리와 설계에 대해서도 다루고 있습니다. 게다가 최근 많이 사용되는 클라우드 네이티브 스토리지의 개념 및 장점을 배울 수 있도록 합니다. 스토리지에 대한 개념에 입문하고 싶은 분들에게 추천합니다.

 이기하((사)오픈플랫폼 개발자커뮤니티)

클라우드 시대에서 AI가 화두가 되고 있습니다. AI를 활용하기 위해서는 많은 데이터를 모아야 하는데, 그 데이터를 스토리지에 저장합니다. 이 책을 통해서 스토리지의 기본 개념부터 시작하여 쿠버네티스에 적용 및 활용하는 방법과 모니터링 및 비용, 암호화 관리 등 스토리지 운용에 스토리지에 필수적인 노하우를 배울 수 있을 것입니다.

이학인(대법원)

스토리지 벤더 중심이 아닌 스토리지 본연의 개념을 살펴볼 수 있어 좋았습니다. 기존에는 실제 스토리지 기술보다는 벤더 제품의 특징만 익히는 경우가 많았는데, 이 책을 통해 스토리지 원리와 근본적인 동작 방식을 이해할 수 있었고, 또한 스토리지 전반에 대한 깊이 있는 지식을 쌓을 수 있었습니다. 이 분야를 공부하는 이들에게 큰 도움이 될 것입니다.

 최국현(프리랜서(dustbox))

스토리지 엔지니어 및 경험이 많지 않다 보니, 전반적으로 알고는 있었으나 용어 및 용도에 대해서 정확하게 이해하지 못하던 부분이 있었습니다. 이 책을 통해서 좀 더 충실하게 용어 및 개념에 대해서 정리가 되었습니다. 또한, 폭넓게 스토리지 적용 분야를 설명하고 있기 때문에 분야에 상관없이 교양서적으로 매우 훌륭하다고 생각합니다.

제이펍은 책에 대한 애정과 기술에 대한 열정이 뜨거운 베타리더의 도움으로
출간되는 모든 IT 전문서에 사전 검증을 시행하고 있습니다.

시작하며

퍼스널 컴퓨터(PC), 스마트폰, 태블릿, 센서 등 다양한 컴퓨터로부터 데이터는 매일 생성된다. 생성된 데이터는 그대로 쓰이기도 하지만, 다른 데이터와 통합하거나 분석돼 다양한 용도로 사용된다.

데이터를 보존하고 저장하는 데 스토리지는 무시할 수 없는 존재다. 스토리지는 컴퓨터가 등장했을 때부터 CPU나 메모리와 함께 컴퓨터의 중요한 요소 중 하나다. 스토리지가 없다면 컴퓨터로 할 수 있는 것은 거의 없다고 해도 과언이 아니다.

그렇다면 당신은 '스토리지'를 얼마나 알고 있는가? '이름은 알고 있다', '들은 적은 있다', '알고는 있지만 만져본 적은 없다'고 답할 사람이 많을 것이다. 또한 PC에 내장된 디스크는 잘 알고 있지만 네트워크에 연결되는 외부 스토리지는 잘 모르는 사람도 있을 것이다.

왜 그럴까? 이유는 여럿 있지만 '어디부터 공부를 시작하면 될지 모르겠다', '편하게 다룰 수 있는 외부 스토리지가 없다', '실수로 데이터가 날아가는 게 무섭다' 같은 의견을 자주 듣는다. 이러한 이유로 컴퓨터의 중요한 요소인 스토리지를 잘 다루는 엔지니어가 적은 것은 아닐까?

누구도 데이터를 잃고 싶지 않다. 데이터의 손실이 무섭지 않은 엔지니어는 없다. 그래서 스토리지를 제대로 배워서 잘 다루는 게 중요하다. 또한 스토리지를 배우면 컴퓨터에 관한 이해를 더함으로써 엔지니어의 가치를 높일 수 있다.

이 책은 스토리지를 처음부터 배우거나 복습하고 싶은 엔지니어를 대상으로 한다. 1장에서는 스토리지의 역사부터 자주 들었을 키워드를 소개하며, 2장에서는 스토리지 구조를 설명한다. 1장은 스토리지를 넓고 얕게 알고 싶은 사람, 2장은 한 걸음 더 나아가서 식견을 넓히고 싶은 사람을 위한 내용이다.

3장은 베어메탈 서버/가상 머신, 4장은 컨테이너/쿠버네티스에서의 스토리지 이용 방법을 구체적인 명령어와 함께 설명한다. 스토리지 이용 방법을 알고 싶은 사람을 위한 내용이므로 스토리지에 연결된 서버 환경에 따라 읽으면 된다. 5장에서는 필자의 경험을 바탕으로 스토리지를 운용하고 관리하는 방법을 소개한다. 스토리지를 운용할 예정이거나 운용하는 사람이라면 이 장이 유용할 것이다. 6장은 2015년부터 접한 클라우드 네이티브 환경의 스토리지에 대한 사고방식과 대표적인 구조를 소개한다. 이 장은 클라우드 네이티브 환경에서 스토리지를 운용하려는 사람을 위한 내용이다.

이처럼 장마다 대상 독자를 나눴기에 지식을 넓히고 싶은 장부터 읽어도 좋다.

스토리지라는 깊은 바다를 향해서 출발해보자.

사카시타 유키노리

CHAPTER **1**
스토리지란?

IT 시스템에서 데이터는 매우 중요하다. 문장, 사진, 동영상 등은 모두 데이터이며 컴퓨터에서 작동하는 프로그램 자체도 데이터다. 이 데이터를 보존하는 게 스토리지다. 스토리지는 '보관', '저장', '기억', '보존'을 의미하며, 데이터를 기억하고 저장하는 역할을 담당한다. 스토리지에는 PC 등의 내장 드라이브와 네트워크를 통해 이용하는 외부 스토리지(별칭: 스토리지 어레이 시스템)라는 두 가지 형태가 있다. 외부 스토리지에는 블록 스토리지, 파일 스토리지, 오브젝트 스토리지와 같은 형식이 있다.

이번 장에서는 다양한 형태와 유형의 스토리지에 대해 각각의 특징이나 탄생 배경 그리고 스토리지와 관련한 주요 키워드를 설명한다. 이 장에서 특별한 명시가 없는 한 스토리지는 외부 스토리지를 가리킨다.

1.1 스토리지 역사

프로그램 저장에도 이용되는 스토리지는 프로그램 실행에 이용되는 CPU나 메모리와 마찬가지로 컴퓨터에 필수적인 요소다.

스토리지storage는 컴퓨터가 탄생했을 때부터 존재했다. 초기 스토리지는 점자로 인쇄한 종이테이프나 카드, 자기테이프 등 다양한 매체를 사용했는데, 당시는 프로그램이나 데이터를 읽고 쓰는 데 꽤 많은 시간이 걸려 하나의 프로그램을 읽는 데 몇 시간이나 걸리는 경우도 흔했다.

그 후 1956년 IBM에서 고속으로 읽기/쓰기가 가능한 원반형 자기 디스크를 이용한 HDD를 판매하기 시작했다. 당시 HDD는 매우 비싸고 컸으며 소비전력이 높고 고장률도 높았기에 일반인에게는 보급되지 않았다.

시간이 지나 HDD는 진화를 거듭해 1980년대에는 가격과 소비전력이 낮아지고 디스크 크기도 8인치에서 5인치로 작아져 수십 MB 수준의 데이터를 보존할 수 있게 됐다. 그 결과 소형 PC용 HDD가 판매되기 시작하여 일반인에게도 보급되었다.

게다가 HDD가 탑재된 PC나 확장 가능한 외장형 HDD도 판매되기 시작했으며, 이 외장형 HDD를 다양한 플랫폼에서 이용하도록 하기 위한 규격인 **SCSI**Small Computer System Interface가 제정됐다.

1990년대에 접어들어 네트워크가 보급되자 HDD를 한 곳에 모으고 네트워크를 통해 여러 대의 컴퓨터에서 접속할 수 있는 외부 스토리지가 보급되기 시작했다. 이때 **파이버 채널**Fibre Channel, FC을 이용한 스토리지 전용 네트워크가 등장한다. 이 스토리지 전용 네트워크를 가리켜 **스토리지 에어리어 네트워크**storage area network, SAN라고 한다.

FC 연결은 큰 변경을 주지 않고 기존의 OS나 애플리케이션을 쓸 수 있도록 SCSI 프로토콜을 사용한다. FC 연결은 매우 간단하고 빠르므로 2020년대인 지금까지 활약하고 있다. 하지만 FC 연결에는 전용 네트워크 스위치, 케이블, 인터페이스 카드인 **호스트 버스 어댑터**host bus adapter, HBA와 전문 지식이 필요하다. 그러다 LAN이나 인터넷으로 널리 보급된 이더넷상에서 이용하자는 의견이 나왔다. 그래서 등장한 게 바로 이더넷상의 IP 네트워크에서 SCSI 프로토콜을 이용할 수 있는 iSCSI다.

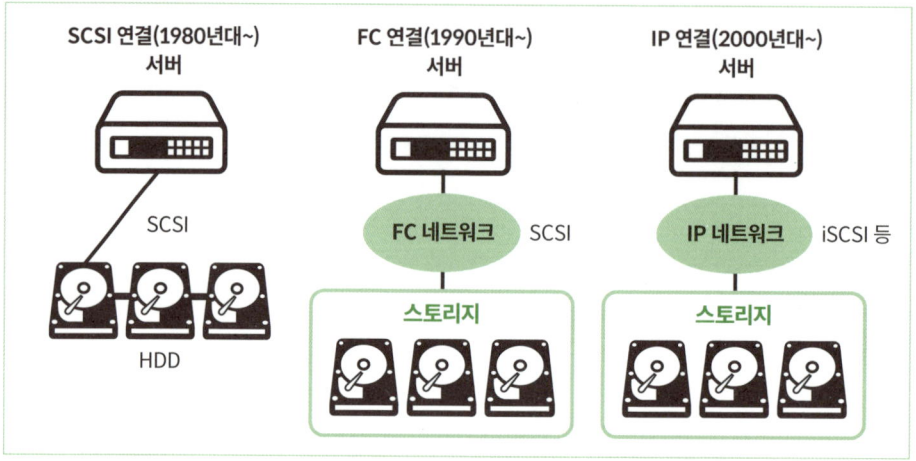

그림 1-1 SAN의 역사

HDD와 네트워크가 보급되기 시작한 1980~1990년대를 되돌아보자. 저렴해졌다고는 하나 모든 컴퓨터에 탑재하기에는 비쌌다. 그래서 1980년대부터 HDD가 연결된 컴퓨터를 서버로 하고, 네트워크를 통해 HDD에 있는 파일에 접근하려는 시도가 있었다.

1984년에는 썬 마이크로시스템즈Sun Microsystems(현 오라클)에서 파일 공유 프로토콜인 NFS를 발표해 유닉스계 OS에서 이용하게 됐다. 또한 같은 해에 IBM이 파일 공유 프로토콜인 SMB를 탑재한 PC-DOS를 발표했다.

그 후 마이크로소프트가 Microsoft Networks로 SMB를 채택해 윈도우 등의 제품에서도 계속 채택되고 있다. 마이크로소프트는 1996년에 SMB를 CIFS로 바꿨는데 몇 년 후 다시 SMB로 되돌렸다. 그리고 1990년대에 NFS나 SMB와 같은 파일 공유 기능을 소형 PC에 설치하여 HDD와 일체화한 제품인 **네트워크 결합 스토리지**network-attached storage, NAS가 등장했다.

이처럼 컴퓨터에 필수적인 스토리지는 기억 매체인 HDD와 네트워크 보급에 의해 외부 스토리지 형태로 진화했다.

1.2 스토리지 종류

스토리지에는 특징이 다른 세 가지 종류가 있는데 바로 블록 스토리지, 파일 스토리지, 오브젝트 스토리지다. 스토리지를 선택할 때는 각 특징을 이해해야 한다. 표 1-1에 각각의 차이를 나타냈다.

표 1-1 스토리지 종류

	블록 스토리지	파일 스토리지	오브젝트 스토리지
구조	호스트 — iSCSI, FC, NVMe-oF	호스트 — NFS, SMB — 파일 서버	호스트 — HTTPS, HTTP — HTTPS 서버 / KVS
특징	• 내장 드라이브와 같은 Raw 디바이스 • 파일 시스템은 자유롭게 선택	• 네트워크 드라이브 • 파일 시스템은 스토리지에 따름, 변경 불가	• 오브젝트 단위로 접근 • 파일 시스템에 의존하지 않으므로 대용량 데이터 저장 가능
데이터 전송 프로토콜	iSCSI, FC, NVMe-oF	NFS, SMB	HTTP, HTTPS
마운트 경로 예시	/dev/sda	//192.168.0.1/share/hoge	https://example.com/storage/hoge
성능[1]	고속	중간	저속
주요 용도	DB, OS(부팅 디스크)	파일 공유	CDN content delivery network 서비스 (사진, 동영상 저장)

---

[1] 성능은 일반적인 지표이며 제품에 따라 다르다.

1.2.1 블록 스토리지

블록 스토리지block storage는 가장 기본적인 스토리지다. 블록 스토리지에는 주로 iSCSI, FC, NVMe-oF 등을 통해 접근한다.

블록 스토리지는 OS 입장에서 보면 마치 내장 드라이브와 같다. 그렇기에 애플리케이션과 사용자의 데이터를 저장할 수 있을뿐더러 OS 자체의 데이터를 저장하여 부트 드라이브로도 이용할 수 있다. 블록 스토리지의 구조는 2.1절에서 설명한다.

1.2.2 파일 스토리지

NAS라고도 부르는 **파일 스토리지**file storage는 파일을 여러 서버에서 공유하는 데 적합하다. 파일 스토리지에는 주로 파일 공유 프로토콜인 NFS나 SMB를 통해 접근한다.

파일 스토리지로 접근할 때는 호스트에 NFS나 SMB를 구동하는 소프트웨어가 필요하다. 그러므로 OS 등에 의해 NFS나 SMB를 구동하는 소프트웨어가 실행될 때까지는 이용할 수 없다. 파일 스토리지의 구조는 2.2절에서 설명한다.

1.2.3 오브젝트 스토리지

오브젝트 스토리지object storage는 비교적 최근에 보급된 스토리지다. 파일 스토리지에는 파일의 수나 크기에 제한이 있지만, 오브젝트 스토리지는 이러한 제한을 크게 넘는 데이터도 저장할 수 있다.

오브젝트 스토리지에는 주로 HTTP/HTTPS 등을 통해서 접근한다. HTTP/HTTPS를 채택한 경우가 많기 때문에 오브젝트 스토리지는 인터넷을 통해 이용되기도 한다. 하지만 스토리지용 프로토콜이 아닌 HTTP/HTTPS와 같이 웹용 프로토콜을 이용하므로 다른 스토리지와 비교해 성능이 낮아지기 쉽다.

블록 스토리지나 파일 스토리지는 OS가 제공하는 read/write 명령에 따라 데이터를 읽고 쓰지만 오브젝트 스토리지는 다르다. 오브젝트 스토리지는 각 제품이 제공하는 전용 웹 API$_{\text{web API}}$를 이용하여 데이터를 읽고 쓴다. 그러므로 오브젝트 스토리지를 이용할 때는 오브젝트 스토리지를 지원하는 애플리케이션이나 전용 클라이언트 소프트웨어가 필요하다. 오브젝트 스토리지의 구조는 2.3절에서 설명한다.

1.3 스토리지 형식

스토리지에는 크게 두 가지 형식이 있다. 즉, 전용 하드웨어에 따라 구성되는 어플라이언스 스토리지와 소프트웨어에 의해 구성되는 소프트웨어 정의 스토리지다. 여기서는 각각의 특징을 설명한다.

1.3.1 어플라이언스 스토리지

어플라이언스 스토리지appliance storage는 성능이나 고가용성을 높이기 위해서 전용 집적 회로 등을 탑재한 하드웨어를 스토리지 제조사가 개발하여 제공한다. 대표적인 구성 예시를 그림 1-2에 나타냈다.

그림 1-2 어플라이언스 스토리지의 구성 예시

어플라이언스 스토리지의 하드웨어는 크게 **스토리지 컨트롤러**storage controller와 **디스크 셸프**disk shelf로 구성된다. CPU나 메모리 등을 탑재한 스토리지 컨트롤러는 스토리지의 두뇌에 해당한다. 한편 디스크 셸프에는 SSD나 HDD 등의 드라이브가 여럿 꽂혀 있다.

서버에서 발생한 read/write IO는 스토리지 컨트롤러가 먼저 처리하고 디스크 셸프의 드라이브에서 처리된다. 어플라이언스 스토리지는 스토리지의 처리 능력에 특화된 하드웨어로 구성되기 때문에 대부분 고성능이면서 고가용성 기능을 갖추고 있다.

또한 어플라이언스 스토리지의 성능을 늘릴 때는 스토리지 컨트롤러를 확장하고, 용량을 늘릴 때는 디스크 셸프를 추가한다. 제품에 따라서는 스토리지 컨트롤러와 디스크 셸프가 일체형인 것도 있다.

1.3.2 SDS

소프트웨어 정의 스토리지software-defined storage, SDS는 어플라이언스 스토리지처럼 전용 하드웨어가 아닌 일반적으로 이용하는 서버 위에 전용 소프트웨어를 설치하는 스토리지다. 대표적인 구성 예시를 그림 1-3에 나타냈다.

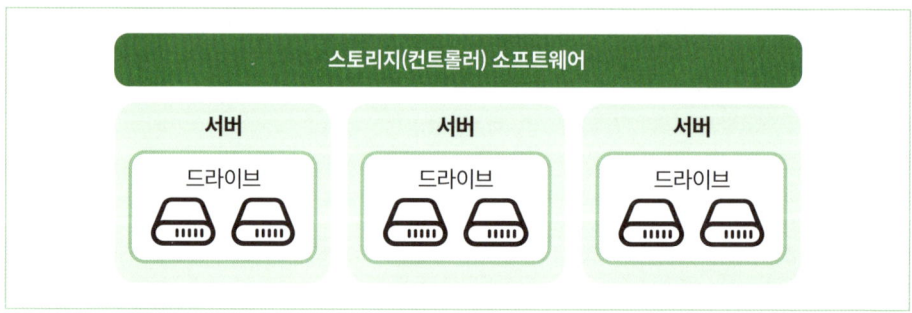

그림 1-3 SDS 구성 예시

SDS는 나중에 생긴 스토리지이며 2013년쯤부터 시장에 등장했다. 네트워크로 연결된 여러 대의 서버 위에 스토리지를 처리하는 소프트웨어를 설치하여 구성된다.

SDS에서는 주로 서버에 내장된 SSD나 HDD가 데이터 저장에 이용된다. 스토리지의 성능이나 용량을 늘릴 때는 서버를 추가한다. SDS는 서버 단위로 추가하므로 어플라이언스 스토리지와 비교해 작은 단위로 성능이나 용량을 추가할 수 있다.

SDS는 어플라이언스 스토리지처럼 전용 하드웨어가 아니므로 서버의 성능, 용량, 대수에 따라 스토리지의 성능이나 용량이 크게 좌우된다. 즉, 고성능이면서 대용량이 필요할 때는 고성능인 서버를 여러 대 사용해서 스토리지를 구성해야 한다.

많은 서버로 SDS를 구성할 때는 서버들을 연결하는 네트워크에도 충분한 대역폭이 필요하므로 주의해야 한다. 또한 어플라이언스 스토리지를 직접 설치할 수 없는 공개형 클라우드 같은 환경에서 이용할 수 있다는 점도 SDS의 이점 중 하나다.

1.4 스토리지에 사용되는 매체

스토리지의 드라이브로 다양한 매체가 사용된다. 대표적인 매체는 일차 데이터 저장소로 고성능을 자랑하는 HDD와 SSD가 있으며, 장기 보관용으로 저렴한 테이프 드라이브tape drive나 블루레이Blu-Ray 등의 광디스크optical disc가 있다. 여기서는 외부 스토리지의 드라이브 매체로 자주 이용하는 HDD와 SSD를 설명한다.

1.4.1 HDD

하드디스크 드라이브hard disk drive, HDD의 구성도를 그림 1-4에 나타냈다.

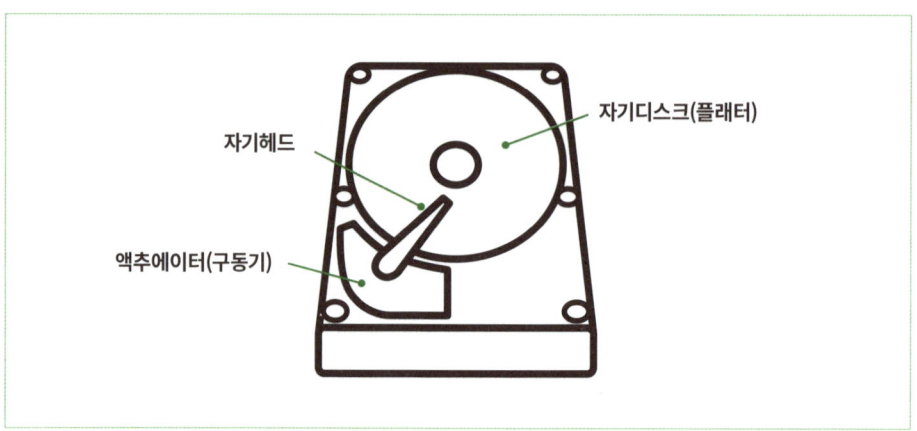

그림 1-4 HDD 구성도

HDD는 원반형 자기 디스크를 고속 회전시키고 **액추에이터**actuator를 통해 자기헤드의 위치를 결정하며 자기를 통해 데이터를 읽고 쓴다. HDD는 이 자기 디스크나 자기헤드를 여럿 가짐으로써 용량이나 성능을 향상시킨다.

HDD 성능에는 자기 디스크의 회전 속도도 중요하다. 또한 HDD의 장점은 SSD와 비교해 비트당 단가가 저렴하며 용량이 크다는 것이다. 한편 HDD는 자기 디스크를 이용하기 때문에 자석 등 자력을 가진 물건을 가까이하면 데이터가 깨질 수 있고 고속 회전하므로 진동에 약하다는 단점이 있다.

HDD의 자기 디스크 표면은 육상경기의 트랙처럼 동심원 모양으로 구분돼 있고, 각 트랙은 섹터라고 부르는 영역으로 분할돼 있다. 이 섹터는 HDD의 물리적인 기억 영역의 최소 단위이며 대부분은 512B(바이트)로 구분돼 있다.

1.4.2 SSD

솔리드 스테이트 드라이브solid-state drive, SSD의 구성도를 그림 1-5에 나타냈다.

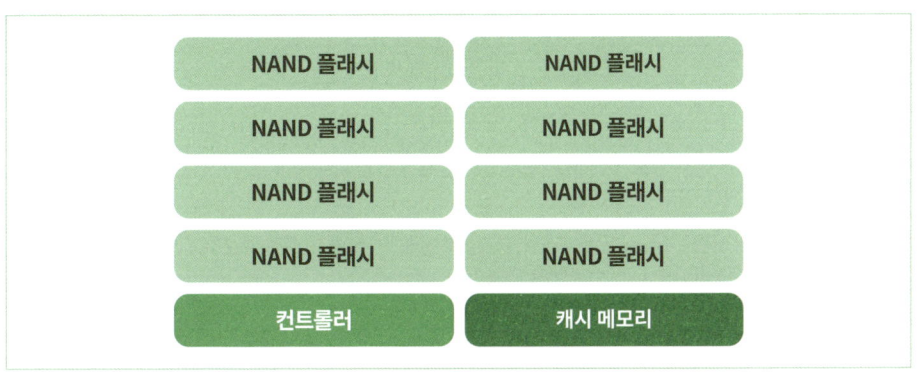

그림 1-5 SSD 구성도

SSD는 **NAND 플래시**NAND flash의 반도체 소자에 데이터를 저장하는 형식의 매체다. NAND 플래시는 **비휘발성 메모리**non-volatile memory 중 하나다. 비휘발성 메모리는 전원을 꺼도 데이터가 사라지지 않는다(휘발하지 않는다). 반대로 전원을 끄면 데이터가 사라지는(휘발하는) 휘발성 메모리는 주로 서버나 PC 등의 메인 메모리로 이용한다.

SSD는 비휘발성 메모리인 NAND 플래시, 데이터의 read/write를 제어하는 컨트롤러, 컨트롤러가 이용하는 캐시 메모리cache memory로 구성된다. SSD는 HDD와 비교해 굉장히 빠른 성능을 가진 미디어이며 자력이나 진동에도 강하다는 장점이 있다.

한편 비트당 단가가 비싸며 NAND 플래시 특성상 쓰기 횟수에 제한이 있다. 그래서 NAND 플래시의 물리 섹터를 4KB로 취급하는 경우가 많다.

SSD를 이용할 때 주의점은 HDD와는 달리 NAND 플래시에 저장된 데이터를 덮어쓰기 할 수 없다는 것이다. 그러므로 새로운 데이터는 새 영역에 저장하고 낡은 데이터는 삭제된다고 표시한 후 컨트롤러의 부하가 낮을 때 **가비지 컬렉션**garbage collection, GC이라는 처리를 통해 삭제된다.

이런 특성 때문에 NAND 플래시에 빈 공간이 적으면 가비지 컬렉션이 자주 실행되어 성능이 떨어질 수 있다. 성능 저하뿐만 아니라 쓰기 횟수가 증가하여 수명을 갉아먹는 원인이 되므로 빈 공간을 충분히 확보해서 이용하는 걸 권장한다.

| TIP |

HDD나 SSD는 빠른 성능과 대용량을 실현하기 위해서 다양한 기억 방식을 사용한다. 기억 방식이 달라지면 성능 특성이나 비트당 단가도 달라지기에 매체 선택이 중요할 때는 구분해서 사용하면 좋다. 여기서는 상세히 다루지 않지만 대표적인 기억 방식을 다음 표에 나타냈다. 또한 SSD 기억 방식의 차이는 NAND 플래시 내부 셀에 저장되는 비트 수의 차이인데, 그 밖에도 셀을 쌓아 올림(적층)으로써 대용량을 실현하는 3D NAND 기억 방식도 있다.

HDD와 SSD의 기억 방식

HDD 기억 방식	SSD 기억 방식
CMR(수직 자기 기록)conventional magnetic recording	SLC(싱글 레벨 셀)single level cell
SMR(기와식 자기 기록)shingled magnetic recording	MLC(멀티 레벨 셀)multi level cell, 2-bit MLC
MAMR(마이크로파 지원 자기 기록)microwave assisted magnetic recording	TLC(트리플 레벨 셀)triple level cell, 3-bit MLC
HAMR(가열 자기 기록)heat-assisted magnetic recording	QLC(쿼드 레벨 셀)quad level cell, 4-bit MLC
	PLC(펜타 레벨 셀)penta level cell, 5-bit MLC

1.5 연결 인터페이스

여기서는 HDD, SSD와 같은 드라이브를 메인보드나 디스크 셸프 내부와 연결할 때 이용하는 인터페이스에 대해 설명한다.

스토리지의 연결 인터페이스는 SAS, SATA, NVMe가 대표적이다. SAS와 SATA는 HDD와 함께 진화한 인터페이스로 널리 보급돼 있다. 한편 NVMe는 SSD의 등장에 따라 생긴 인터페이스로 SATA/SAS보다 SSD의 성능을 더 끌어낼 수 있다. 이 인터페이스들을 조금 더 자세히 소개하겠다.

1.5.1 SATA와 SAS

HDD와 함께 진화한 인터페이스는 크게 **병렬 ATA**Parallel Advanced Technology Attachment(이전 PATA) 계열과 SCSI 계열이 있다. ATA 계열 인터페이스는 SCSI 계열과 비교해 적은 비용으로 제품을 개발할 수 있기에 저렴한 제품에서 사용한다. 한편 SCSI 계열 인터페이스는 ATA 계열과 비교해 제품 개발 비용이 높지만 고성능이면서 신뢰성이 높은 제품에서 사용한다.

ATA 계열 인터페이스로 대표적인 것은 **직렬 ATA**Serial ATA, SATA이며, SCSI 계열 인터페이스로 대표적인 것은 **시리얼 부착 SCSI**Serial Attached SCSI, SAS다. SAS 인터페이스의 커넥터, 케이블, 드라이브 제어 장치는 SATA 인터페이스에 상위호환성을 가지므로 SAS 인터페이스에 SATA 드라이브를 연결할 수 있지만, 거꾸로 SATA 인터페이스에 SAS 드라이브를 연결할 수는 없다. 또한 SATA 인터페이스는 HDD에 최적화된 통신 프로토콜인 **고급 호스트 컨트롤러 인터페이스**Advanced Host Controller Interface, AHCI를 사용한다.

1.5.2 NVMe

NVM 익스프레스NVM Express, NVMe는 말 그대로 SSD 등의 비휘발성 메모리용으로 개발된 **PCI 익스프레스**Peripheral Component Interconnect Express, PCIe를 기반으로 한 통신 프로토콜이다. AHCI는 HDD에 최적화된 통신 프로토콜이며, 시리얼 통신과 HDD를 전제로 개발된 것이라 SSD 성능을 충분히 끌어내지 못했다. 그래서 SSD 성능을 끌어내기 위한 통신 프로토콜로 NVMe가 개발됐다.

NVMe의 주요 특징은 NAND 플래시의 물리 섹터인 4KB에 맞춰 튜닝된 프로토콜이고, 명령어 처리를 위한 큐가 6만 5536개라는 점이다. AHCI에는 명령어 처리를 위한 큐가 한 개밖에 없으며 큐에 들어가는 명령어 수도 32개이지만, NVMe는 각 큐에 6만 5535개의 명령어가 들어간다. HDD는 내부 자기 드라이브의 회전 대기시간 등이 있기 때문에 AHCI 큐는 하나면 충분했다. 하지만 SSD는 NAND 플래시를 채택했기 때문에 자기 드라이브의 회전 대기시간 등이 없고 많은 명령어를 병렬 처리할 수 있기 때문에 NVMe는 큐의 수를 늘림으로써 성능을 향상시켰다.

이처럼 드라이브를 연결하는 인터페이스에도 여러 종류와 다양한 특징이 있다. 그렇기에 드라이브의 매체 종류(HDD, SSD), 인터페이스와의 조합에 따라 비용과 성능이 크게 달라진다. 도입할 스토리지의 비용과 성능의 균형을 재면서 매체나 인터페이스를 선택하길 바란다.

1.6 서버와 스토리지의 통신에서 사용되는 프로토콜

서버와 스토리지의 통신에 사용되는 프로토콜은 크게 데이터 플레인에서 사용되는 것과 컨트롤 플레인에서 사용되는 것이 있다. 그림 1-6에 데이터 플레인과 컨트롤 플레인을 나타냈다.

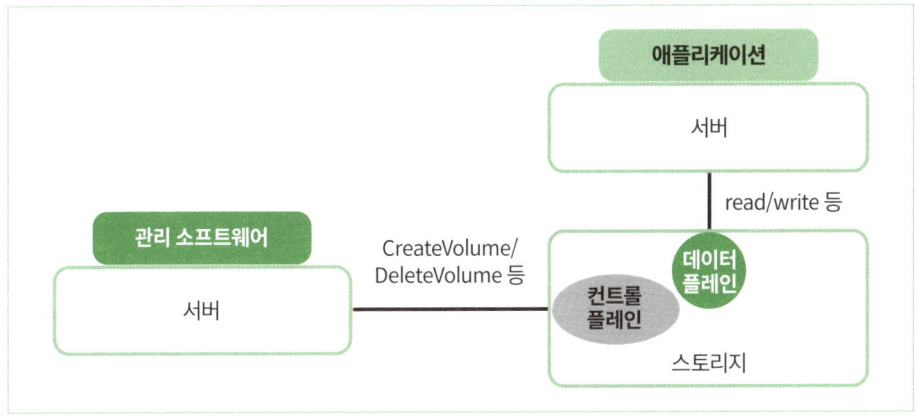

그림 1-6 데이터 플레인과 컨트롤 플레인

데이터 플레인data plane은 데이터를 읽고 쓰는 read/write를 처리하는 컨트롤러군이다. 이 데이터 플레인에 연결되는 네트워크를 **인밴드**in-band라고도 한다. 한편 **컨트롤 플레인**control plane은 볼륨의 생성이나 삭제 등 스토리지의 자원을 조작하고 설정하는 컨트롤러군이다. 컨트롤 플레인에 연결되는 네트워크를 **아웃오브밴드**out-of-band라고도 한다.

스토리지는 데이터 플레인과 컨트롤 플레인이 별개의 컨트롤러로 된 제품도 있지만 하나의 컨트롤러로 된 제품도 있다. 후자는 컨트롤러에 대량의 요청이 오면 데이터 플레인의 성능 지연을 일으킬 수 있으므로 주의해야 한다. 여기서는 데이터 플레인과 컨트롤 플레인의 프로토콜을 설명한다.

1.6.1 데이터 플레인 프로토콜

먼저 데이터 플레인 프로토콜을 소개한다. 애플리케이션 등이 생성하는 read/write 등의 명령을 스토리지로 보내는 데 사용되는 데이터 플레인 프로토콜은 블록 스토리지용 프로토콜과 파일 스토리지용 프로토콜로 나뉜다.

블록 스토리지용 프로토콜

대표적인 블록 스토리지용 프로토콜에는 FCP, iSCSI, NVMe-oF가 있다.

1 FCP

스토리지 제품에 따라서는 FC라고도 표기하는 **FCP**Fibre Channel Protocol는 광섬유 케이블로 연결된 전용 네트워크(FC-SAN)를 사용해 서버와 스토리지를 연결한다. **FC-SAN**Fibre Channel Storage Area Network은 주로 **SCSI-FCP**Fiber Channel Protocol for SCSI를 이용해 FCP상에서 SCSI 명령어 집합으로 데이터를 전송한다.

FCP는 광섬유로 구성된 전용 네트워크에서의 데이터 전송에 특화된 경량 프로토콜 스택이므로 구조가 단순하며 전송 속도도 빠르다. FCP 사양은 미국 국가표준 협회 국제 정보기술 표준화 위원회ANSI INCITS의 T10 기술위원회와 T11 기술위원회에 의해 규정돼 있다.

2 iSCSI

iSCSIInternet Small Computer Systems Interface는 SCSI 명령어 집합instruction set을 IP 네트워크에서 사용하기 위한 프로토콜이다.

광섬유 케이블로 구성된 특별한 네트워크가 필요한 FCP와는 달리, iSCSI는 인터넷 연결 덕분에 보급된 IP 네트워크를 활용한 프로토콜이다. FCP와 비교해 속도는 떨어지지만 IP 네트워크를 이용하기 때문에 저렴하게 도입할 수 있다. 그림 1-7에 FCP와 iSCSI의 프로토콜 스택 차이를 나타냈다.

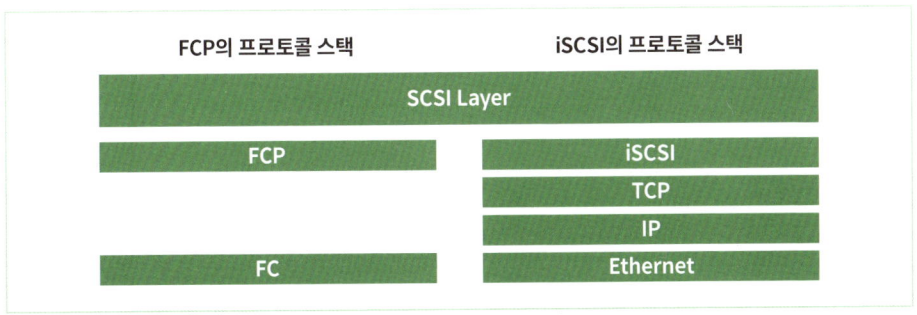

그림 1-7 FCP와 iSCSI의 프로토콜 스택

3 NVMe-oF

NVMe-oFNVM Express over Fabrics는 SSD용인 NVMe를 이더넷, FC, 인피니밴드infiniband에서 쓸 수 있도록 확장한 프로토콜이다.

NVMe는 PCIe상에서 사용되는 프로토콜이기에 스토리지나 서버 내부에서는 이용할 수 있지만, 서버와 스토리지 간 통신처럼 네트워크를 통해서는 이용할 수 없다. 그래서 네트워크를 통해서 연결할 수 있도록 NVMe-oF를 만들었다.

파일 스토리지용 프로토콜

대표적인 파일 스토리지용 프로토콜은 NFS, SMB와 CIFS가 있다.

1 NFS

네트워크 파일 시스템 Network File System, NFS은 주로 유닉스 계열 OS(BSDBerkeley Software Distribution, 리눅스 등)를 탑재한 서버와 스토리지 사이에서 데이터를 전송할 때 사용하는 프로토콜이며 IP 네트워크에서 이용할 수 있다.

NFS는 여러 서버에서 파일을 공유하려고 만든 프로토콜이므로 파일 공유나 잠금lock

등 특유의 기능을 갖고 있다. 이 기능들의 자세한 내용은 2.2.2절을 참고하자.

2 SMB와 CIFS

서버 메시지 블록 Server Message Block, SMB과 **공통 인터넷 파일 시스템**Common Internet File System, CIFS은 주로 윈도우 OS를 탑재한 서버와 스토리지 사이에서 데이터를 전송할 때 사용하는 프로토콜이다. NFS와 마찬가지로 IP 네트워크에서 사용할 수 있으며 파일 공유를 위해 만들어졌다.

1.6.2 컨트롤 플레인 프로토콜

데이터 플레인은 대부분 표준 프로토콜을 이용한다. 왜냐하면 리눅스나 윈도우 등 다양한 서버에 스토리지를 연결해야 하기 때문이다.

이에 비해 대부분의 **컨트롤 플레인 프로토콜**control plane protocol은 사용자를 묶어두기 위해 제조사의 고유한 프로토콜을 사용한다. 즉 컨트롤 플레인은 사용자를 록인lock in[2]하기 위해서 제조사가 제공하는 스토리지 전용 관리 소프트웨어에서만 이용하게 하려는 경향이 강하다.

한편 사용자는 여러 제조사의 스토리지를 데이터 센터에서 일괄적으로 관리하고 싶다. 그래서 스토리지 업계 단체인 스토리지 네트워킹 산업 협회Storage Networking Industry Association, SNIA가 중심이 되어 컨트롤 플레인의 표준 프로토콜을 제정했다. 제조사 고유의 프로토콜과 표준 프로토콜 중 어느 것을 이용할지는 이용할 스토리지의 지원 상태나 운영 형태에 따른다. 그러므로 프로토콜과 스토리지의 특성을 파악하여 적절한 프로토콜을 선택해야 한다.

이 책에서는 컨트롤 플레인의 대표적인 표준 프로토콜을 소개한다.

2　[옮긴이] 제조사가 자신들의 제품만을 계속 사용하도록 또는 벗어날 수 없도록 하는 것을 말한다.

SMI-S

SMI-S Storage Management Initiative Specification는 SNIA가 정한 스토리지 관리를 위한 표준 사양이다. 2002년부터 사양 제정이 시작돼 2003년에 v1.0이 공개됐다.

SMI-S는 미국 규격인 ANSI 및 국제 표준 규격인 ISO/IEC에 등록됐으며 2천 개 이상의 제품이 SMI-S의 인증을 받았다. SMI-S는 관리 모델로 업계 단체인 DMTFDistributed Management Task Force가 정한 **일반 정보 모델**Common Information Model, CIM을 채택했다. 이 CIM을 XML화하고 HTTP/HTTPS상에서 통신하기 위한 WBEMWeb-Based Enterprise Management 프로토콜을 사용해 스토리지와 관리 소프트웨어 사이의 통신이 이루어진다.

또한 DMTF와 SNIA는 서로 협력하는 업계 단체다. 시스템 관리 전반에 관한 사양을 DMTF가 정하며, 그중 스토리지에 관한 사양은 SNIA가 제정한다.

Swordfish

Swordfish는 SMI-S와 마찬가지로 SNIA가 정하는 스토리지 관리를 위한 프로토콜이다.

Swordfish의 전신인 SMI-S는 XML 기반의 WBEM 프로토콜을 채택했었다. 하지만 서버나 네트워크 기기와의 통신에 JSON 기반의 RESTful API를 채택하는 관리 소프트웨어가 늘어나면서 2012년에 SMI-S v2.0의 검토가 시작됐다. 그 후 DMTF가 RESTful API인 Redfish를 발표하면서 SNIA도 이에 따라 SMI-S v2.0을 Swordfish로 이름을 바꾸고 2016년에 v1.0을 발표했다.

또한 Swordfish는 SMI-S와 마찬가지로 ISO/IEC에 등록된 국제 표준 규격의 프로토콜이다.

> **TIP³**

요즘 컨트롤 플레인과 데이터 플레인이라는 말을 자주 듣는다. 컨트롤과 데이터는 자주 보는 단어이므로 무슨 뜻인지 알 수 있지만 플레인은 생소하다. 에어플레인airplane이나 플레인 요거트plain yogurt의 플레인은 아닐 텐데 말이다. 플레인은 부部라고 생각하면 쉽다. 데이터 플레인은 데이터부, 컨트롤 플레인은 컨트롤부라고 말이다.

또 에어플레인이 나왔으니 말인데 비행기를 예로 들자면 데이터 플레인은 엔진 그 자체이며, 컨트롤 플레인은 엔진을 작동시키는 조종실이다. 더 나아가서 컨트롤 플레인들을 통합해 관리하는 매니지먼트 플레인management plane이라는 것도 있다. 이는 공항의 관제탑에 해당한다.

---

3 [옮긴이] 한국 독자들을 위해 용어 팁을 추가했다.

CHAPTER **2**
스토리지 구조

이번 장에서는 블록 스토리지, 파일 스토리지, 오브젝트 스토리지의 내부 구조를 설명한다. 스토리지의 내부 구조에 있어서 가장 기본이 되는 건 블록 스토리지다. 먼저 블록 스토리지를 설명하고, 추가된 점이나 차이점을 중심으로 파일 스토리지와 오브젝트 스토리지를 설명한다.

또한 스토리지 제품의 내부 구조는 제각기 특징이 있어서 제조사에 따라서 그 구현 방법이 다르다. 그렇기에 이 책에서는 제조사가 달라 발생하는 차이에 의존하지 않기 위해서 SNIA가 제정하는 ISO/IEC 표준인 SMI-S와 Swordfish 모델을 기반으로 설명한다.

2.1 블록 스토리지 구조

블록 스토리지는 파일 스토리지나 오브젝트 스토리지의 기반이 되는 스토리지다. 블록 스토리지의 구성도를 그림 2-1에 나타냈다.

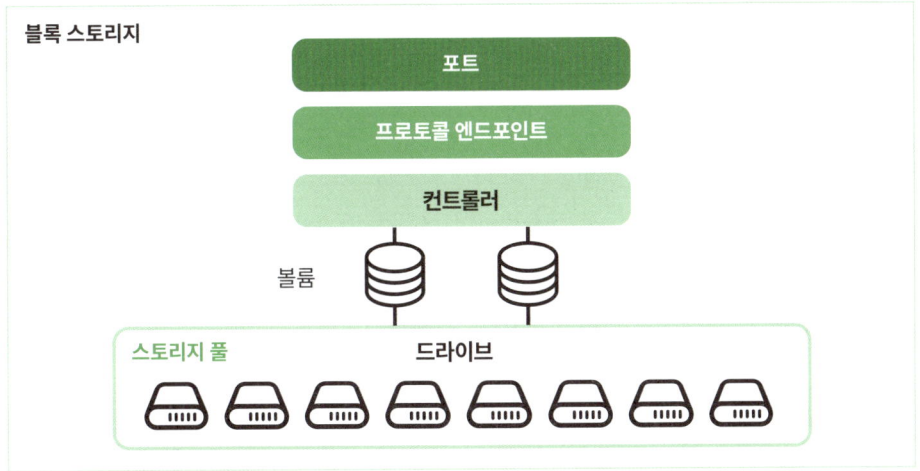

그림 2-1 블록 스토리지 구성도

블록 스토리지는 주로 다음 요소들로 구성된다.

- 포트
- 프로토콜 엔드포인트
- 컨트롤러
- 볼륨
- 스토리지 풀
- 드라이브

25

포트port는 물리적인 요소이며 FC나 이더넷을 연결하는 입구다. 프로토콜 엔드포인트protocol endpoint는 논리적인 요소로 SCSI, iSCSI 등의 프로토콜과 IP 주소, IQN 등 스토리지에 접근할 때 사용하는 식별자를 관리한다.

컨트롤러controller는 물리적인 요소이며 CPU나 메모리가 장착돼 있다. 또한 처리를 고속화하기 위한 전용 칩을 장착한 컨트롤러도 있다. 컨트롤러에서는 OS가 부팅되고 스토리지의 입출력input/output, I/O 처리 등을 하는 프로그램이 실행된다. 컨트롤러는 리눅스나 BSD 등 범용적인 OS에서 돌아가는 제품도 있지만 독자적인 OS에서 돌아가는 제품도 있다.

볼륨volume은 논리적인 요소이며, **논리 장치**logical unit, LU라고도 한다. LU는 볼륨이 서버에서 마운트됐을 때 식별되는 요소다. 볼륨을 생성할 재료가 되는 요소가 스토리지 풀이다.

스토리지 풀storage pool은 논리적인 요소이며 여러 드라이브를 묶는 역할을 한다. 물리적인 요소인 드라이브drive는 SSD나 HDD 등 데이터를 실제로 저장하는 매체다.

2.1.1 스토리지 풀과 데이터 보호

스토리지 풀을 지탱하는 기술인 데이터 보호를 설명한다.

데이터 보호 기술은 여러 드라이브를 묶어서 큰 용량의 확보, 데이터 보호, 성능 향상 등을 실현한다. 이 책에서는 데이터 보호의 대표적인 기술인 RAID와 triple replication을 설명한다.

RAID

RAID는 1987년 데이비드 패터슨David Patterson, 가스 깁슨Garth Gibson, 랜디 캐츠Randy Katz가 발표한 논문 <A Case for Redundant Arrays of Inexpensive Disks(저렴한 디스크의 이중화 어레이를 위한 사례)>에 의해 제안됐다. 이 논문의 제목에도 있듯 RAID는 저렴

한inexpensive 디스크disk를 사용해 **이중화**redundant[1]된 어레이array를 실현한다.

당시에 메인 프레임과 같은 미션 크리티컬한 시스템에서 이용하는 HDD는 꽤 고가였다. 그렇기에 저렴한 HDD를 사용해 큰 용량의 확보, 데이터 보호, 성능 향상을 목표로 RAID가 제안된 것이다. RAID는 다음의 세 가지 기본 원칙에 따라 설계됐다.

- 패리티: 한 개의 디스크에 장애가 발생했을 때 복원을 가능케 하는 데이터
- 이중화: 디스크를 복제함으로써 신뢰성을 높이고 안전 장치로서 기능하는 것
- 미러링: 디스크에 기록된 데이터를 다른 디스크로 복제하는 것

세 가지 기본 원칙에 따라 여러 패턴의 RAID 레벨이 개발됐다. 여기서는 현장에서 많이 이용하는 RADI 0, RAID 1, RAID 1+0, RAID 5의 네 가지 RAID 레벨을 설명한다.

1 RAID 0

RAID 0는 **스트라이핑**striping을 통해 큰 용량의 디스크를 만든다. 하지만 이중화는 제공하지 않으며 한 개의 디스크에 장애가 발생하면 데이터를 복구할 수 없다. 그림 2-2의 예시에서 총 용량은 20GB다.

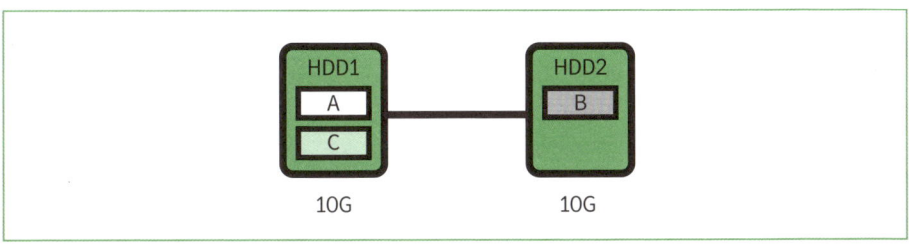

그림 2-2 RAID 0

---

1 [옮긴이] redundant의 사전적 의미는 쓸데없이 길거나 장황하다는 뜻으로 현업에서는 이중화, 중복화, 다중화, HA 등으로 표현하기도 한다. 앞으로는 친숙한 단어인 이중화라고 표현하는데, 디스크가 반드시 두 개라는 의미는 아니므로 유의하기 바란다.

2 RAID 1

RAID 1은 미러링mirroring을 통해 데이터가 보호된 디스크를 만든다. 하지만 용량은 절반이 되며 그림 2-3의 예시에서 총 용량은 10GB다. 또한 두 개의 디스크에 대해 병렬로 데이터를 읽을 수 있으므로 읽기 속도는 향상되나 쓰기 속도는 향상되지 않는다.

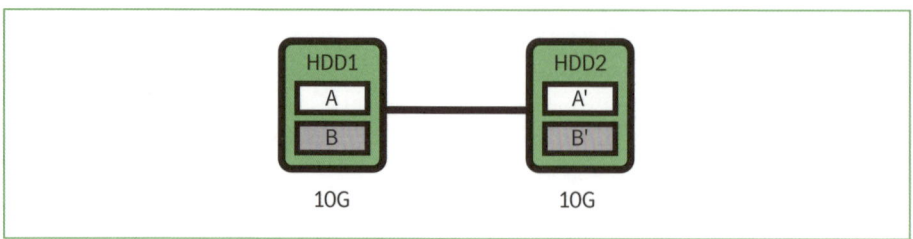

그림 2-3 **RAID 1**

3 RAID 1+0

RAID 1+0은 미러링(RAID 1)+스트라이핑(RAID 0)을 통해 데이터 보호와 큰 용량의 디스크를 만든다. 그림 2-4의 예시에서 총 용량은 20GB다.

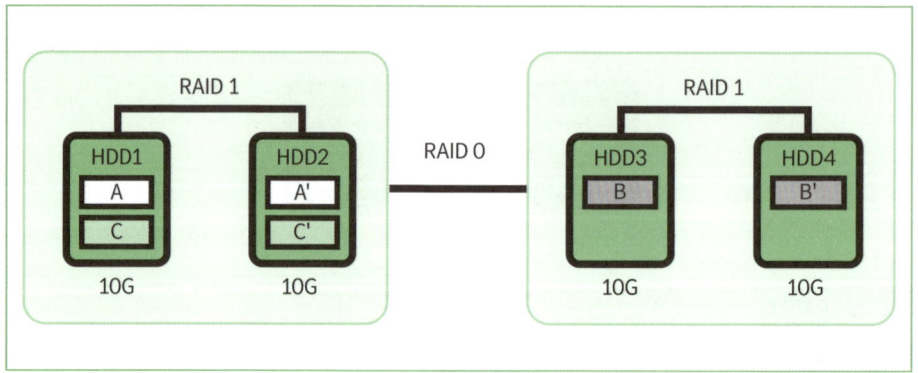

그림 2-4 **RAID 1+0**

4 RAID 5

RAID 5는 패리티 데이터parity data를 통해 낭비가 적고 데이터가 보호된 큰 용량의 디스크를 만든다. 그림 2-5의 예시에서 총 용량은 30GB 미만이다.

RAID 5에서 패리티 데이터는 모든 디스크에 분산돼 기록된다. 이를 통해 한 개의 디스크에 장애가 발생해도 다른 디스크에 있는 패리티 데이터로부터 원래 데이터를 복구할 수 있다. 하지만 동시에 두 개 이상의 디스크에 장애가 발생하면 데이터를 복구할 수 없다.

RAID 5의 읽기 속도는 여러 디스크에서 동시에 병렬로 읽을 수 있으므로 향상되지만, 쓰기 속도는 패리티 계산으로 인해 오버헤드가 발생하여 높지는 않다. 또한 RAID 5의 패리티를 두 개 생성하는 듀얼 패리티를 통해 더욱 이중화를 강화한 RAID 6라는 RAID 레벨도 있다.

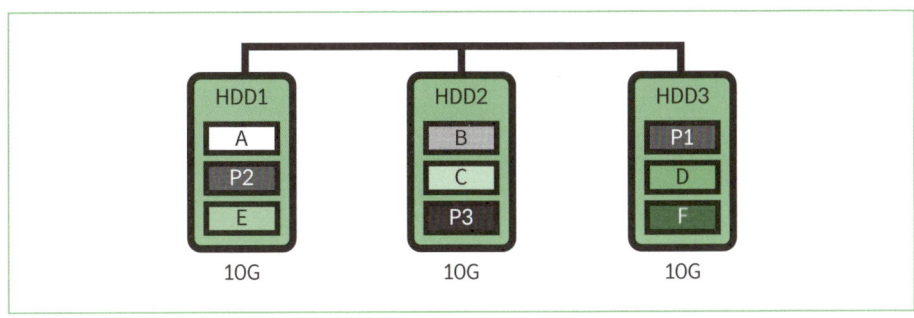

그림 2-5 **RAID 5**

RAID 5에서 사용되는 패리티 데이터를 계산하는 기본적인 방식을 설명한다.

패리티 계산의 기본은 **배타적 논리합**exclusive or, XOR의 논리 연산을 사용하는 방식이다. XOR을 표 2-1에 나타냈다.

표 2-1 **XOR**

A	B	A XOR B
0	0	0
0	1	1

표 2-1 XOR(표 계속)

A	B	A XOR B
1	0	1
1	1	0

이 XOR을 사용해 패리티 데이터를 산출하며, 산출 예시를 그림 2-6에 나타냈다.

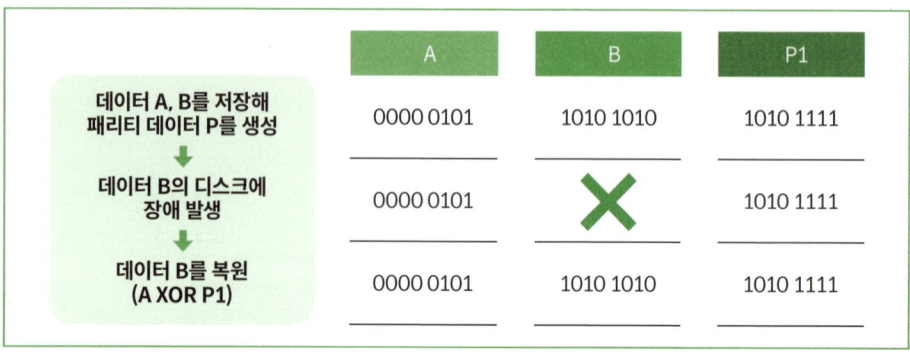

그림 2-6 패리티 계산 예시

이 예시에서는 우선 데이터 A, 데이터 B의 비트 열로부터 XOR을 산출해 패리티 데이터 P1을 생성한다. 이때 데이터 B가 저장된 디스크에 장애가 발생해 데이터 B를 읽지 못하게 됐다고 하자.

이때 데이터 A와 패리티 데이터 P1의 XOR을 산출하면 데이터 B를 복구할 수 있다. 이처럼 패리티 데이터를 생성함으로써 장애가 났을 때 데이터를 복구할 수 있어 미러링하는 것보다 적은 용량으로 데이터를 보호할 수 있다.

triple replication과 erasure coding

replication에는 데이터 단위로 하는 것과 볼륨 단위로 하는 것이 있다. 데이터 보호 기술에서 사용하는 건 데이터 단위로 하는 replication이다.

RAID는 여러 디스크를 사용해 데이터를 보호한다. 하지만 범용 서버로 구축하는 SDS

의 등장으로 서버에 충분한 수의 디스크가 존재하지 않아 RAID를 구축할 수 없는 환경이 생겼다. 그래서 다른 서버에 데이터를 복제하여 데이터를 보호하는 방법을 이용하게 됐다.

특히 데이터를 세 개의 서버로 복제하는 방법을 **triple replication**이라고 한다. 그림 2-7에 triple replication의 예시를 나타냈다.

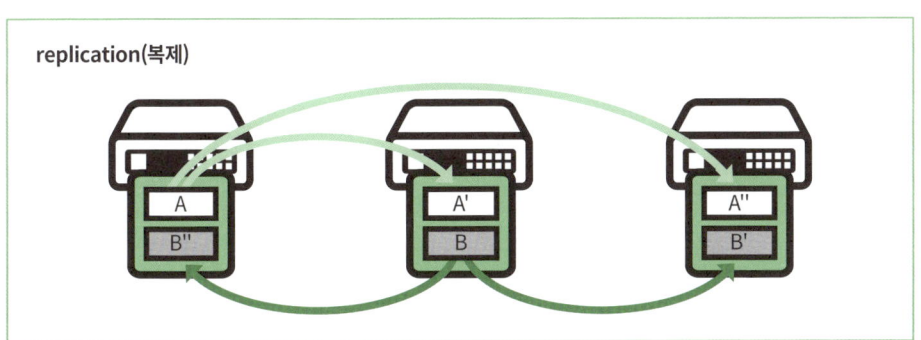

그림 2-7 Triple replication

하지만 triple replication은 데이터를 복제하기 때문에 용량이 세 배나 필요해 용량 효율이 높지 않다. 그렇기에 데이터를 분할해서 여러 서버로 분산 배치하고, 패리티 데이터를 생성해서 저장하는 **erasure coding**을 사용한다.

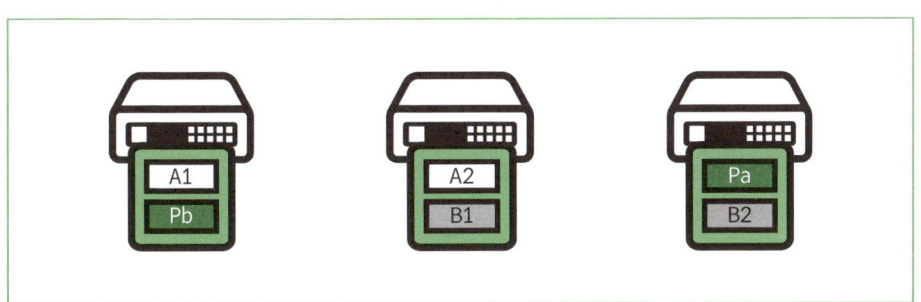

그림 2-8 erasure coding

erasure coding은 용량 효율이 높고 데이터를 보호할 수 있는 RAID 5와 비슷한 특성을 갖고 있다. 하지만 SDS에서 이용하는 erasure coding은 XOR을 이용한 패리티 데이터의 생성처럼 단순하지 않다. 또한 여러 서버에 걸쳐 패리티 데이터를 저장하기 때문에 오버헤드를 얼마나 줄일 수 있는지가 관건이다. 그래서 각 제조사는 erasure coding의 독자적인 알고리즘을 개발했으며 성능이나 용량 효율 등도 제품에 따라 다르다.

2.1.2 볼륨

볼륨은 스토리지 풀로부터 논리적인 요소로 생성돼 OS에서 식별되는 장치에 해당한다. 서버에서 기록된 데이터는 볼륨을 통해서 물리 장치인 드라이브(HDD, SDD 등)에 저장된다.

볼륨은 논리(볼륨)-물리(드라이브)의 **논리 블록 주소 지정**logical block addressing, LBA 매핑 테이블로 관리된다. LBA는 OS가 참조하는 주소이며, OS는 LBA를 사용해 데이터에 접근한다. 서버에서 볼륨으로 데이터를 기록하면 이 논리-물리 매핑 테이블을 사용해 드라이브의 LBA를 특정하여 데이터를 저장한다.

매핑 테이블은 제품마다 다르게 구현돼 있다. 이 장에서는 간략한 설명을 위해 드라이브의 LBA로 표현했는데 실제 제품에서는 데이터 보호 기술에 따라 합쳐진 영역의 LBA다.

thick provisioning과 thin provisioning

볼륨에는 크게 thick provisioning과 thin provisioning 형식이 있다.

1 thick provisioning

thick provisioning은 가장 기본적인 구성인 볼륨으로, 생성할 때 물리 드라이브의 LBA를 모두 예약하는 방식이다. 볼륨을 생성할 때는 볼륨의 크기와 같은 용량을 가진 드라이브가 필요하다. thin provisioning이 등장하기 이전엔 볼륨이라고 하면 thick provisioning을 가리켰다.

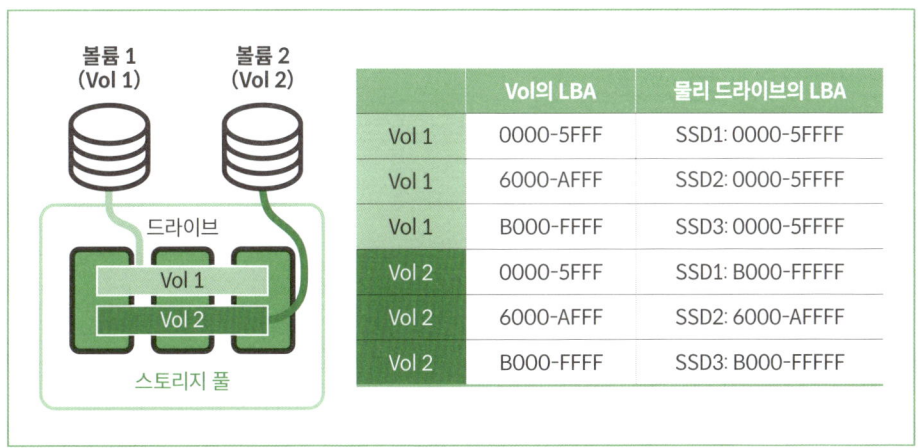

그림 2-9 thick provisioning

2 thin provisioning

thin provisioning은 데이터를 기록했을 때 물리 드라이브의 LBA를 확보하는 방식이다. 볼륨을 생성할 때는 드라이브의 용량을 거의 차지하지 않으며 실제로 기록됐을 때 데이터의 크기만큼만 용량을 차지한다.

단, 제품에 따라서는 thin provisioning의 관리용 데이터가 스토리지 용량을 약간 차지한다. 예를 들면, thin provisioning으로 10GB의 볼륨을 생성했을 때 서버에서는 10GB 크기의 볼륨으로 보이지만, 이 10GB의 볼륨에 기록된 데이터의 크기가 3GB라면 드라이브의 용량이 3.1GB와 같이 관리용 데이터를 포함해 표시한다. 또한 차지하는 관리용 데이터의 크기는 제품에 따라 다르다.

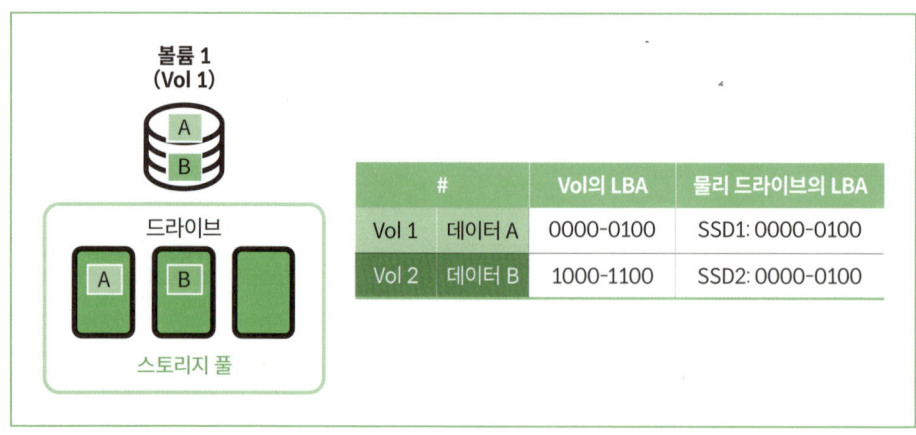

그림 2-10 thin provisioning

thin provisioning은 드라이브의 용량을 절약하고 싶을 때 효과적인 방식이다. 하지만 데이터를 기록할 때 드라이브를 확보해서 데이터를 저장하기 때문에 thick provisioning에 비해 성능이 약간 저하될 수 있다. 공개형 클라우드의 스토리지 서비스에는 thin provisioning을 사용해 볼륨의 크기가 아닌 실제로 저장한 데이터의 크기에 따라 요금을 부과하는 것도 있다.

> **TIP**
>
> thin provisioning 방식의 스토리지에서 데이터를 삭제했을 때 드라이브의 LBA 영역은 곧바로 해제되지 않는다. 데이터를 기록할 때는 곧바로 드라이브의 LBA를 확보하지 않으면 스토리지를 이용할 수 없다. 즉, 동기식 처리다.
>
> 하지만 데이터 삭제에 있어서는 컨트롤러의 부하가 낮은 시점에서 드라이브의 LBA를 해제하는 등 비동기식 처리를 하는 제품이 많다. 비동기식 처리는 같은 LBA에 기록이 발생할 때 드라이브의 LBA를 새로 확보할 필요가 없어 빠르게 할당할 수 있다는 장점이 있다.
>
> 그런데 데이터를 삭제한 뒤 가능한 빨리 드라이브의 LBA를 해제해서 사용 용량을 줄이고 싶을 수도 있다. 그럴 때는 OS에서 TRIM 명령을 실행하면 데이터 삭제와 가까운 시점에서 드라이브의 LBA가 해제된다. 리눅스의 파일 시스템(xfs 등)에선 마운트할 때 discard 옵션을 부여하면 데이터를 삭제할 때 TRIM 명령을 실행한다.

계층적 스토리지 관리

계층적 스토리지 관리hierarchical storage management, HSM란 성능이나 비용이 다른 드라이브에 계층이라는 그룹을 만들어 계층 간에 데이터를 이동시킴으로써 성능이나 비용을 최적화하는 기능이다. 2000년대 초반에 다양한 HDD와 SSD가 등장함에 따라 다음과 같이 성능과 비용의 격차가 발생했다. 그래서 자주 접근하는 데이터는 고속/고가인 드라이브에 저장하고, 가끔씩만 접근하는 데이터는 저속/저가인 드라이브에 배치하기 위해서 계층적 스토리지 관리 기능이 생겼다.

- SSD: 고속/고가
- HDD(SAS): 중속/중가
- HDD(SATA): 저속/저가

계층적 스토리지 관리의 개요도를 그림 2-11에 나타냈다.

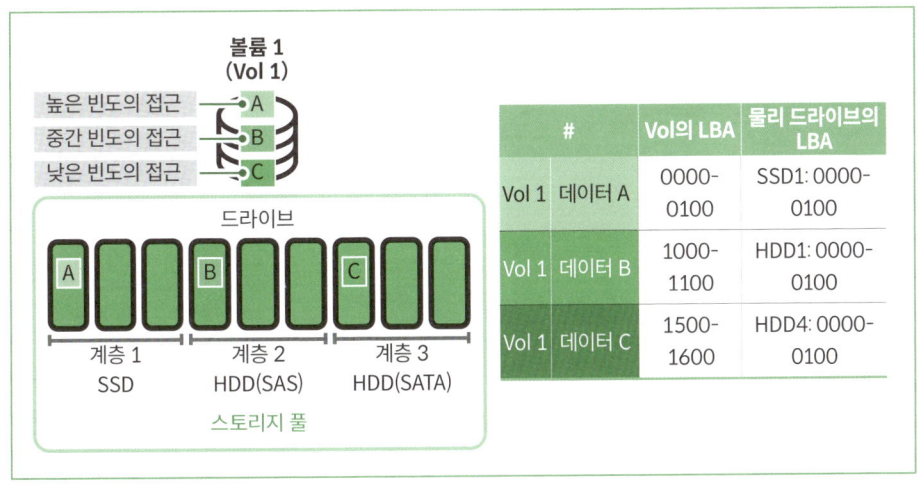

그림 2-11 계층적 스토리지 관리

계층적 스토리지는 드라이브에 레이블을 부여하고 그룹화해 계층tier을 나타낸다. 각 계층은 일반적으로 성능과 비용을 고려하여 같은 종류의 드라이브로 구성한다. 그림 2-11에서는 계층 1에 SSD, 계층 2에 HDD(SAS), 계층 3에 HDD(SATA)를 부여했다.

계층적 스토리지 관리는 데이터의 접근 빈도를 정기적으로 모니터링하고 접근 빈도에 따라 계층을 이동시킨다. 즉, 높은 빈도로 접근하는 데이터 A는 고속/고가인 드라이브로 구성된 계층 1에 배치된다. 그리고 데이터 A로 접근하는 빈도가 낮아지면 중속/중가인 드라이브로 구성된 계층 2 또는 3으로 데이터가 이동된다.

이처럼 계층적 스토리지 관리를 통해 데이터에 접근하는 빈도에 따라 계층을 이동시켜 성능과 비용을 최적화한다.

중복 제거

중복 제거deduplication는 같은 데이터가 드라이브에 저장돼 있다고 판단했을 때 어느 한 데이터만을 드라이브에 저장하는 기술이다. 또 다른 하나의 데이터는 이미 저장된 데이터의 링크만 저장한다. 이를 통해 같은 데이터가 드라이브에 중복해서 저장되지 않아 드라이브의 사용 용량을 줄일 수 있다.

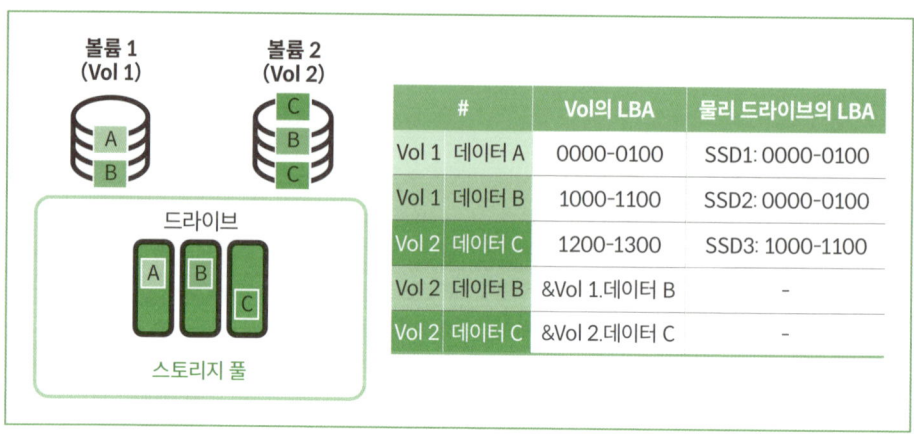

그림 2-12 중복 제거

중복 제거에서 용량 효율이나 성능에 영향을 주는 동일 데이터라고 판단하는 로직은 제조사마다 다르다. 그렇기에 중복 제거에 의한 용량 효율이나 성능의 영향도는 제품마다 달라진다.

2.1.3 경로 설정

서버와 주변기기를 연결하는 규격으로 1986년 표준 단체인 ANSI에 의해 SCSI가 표준화됐다. 당시 서버와 HDD 등의 주변기기를 연결하는 방법에는 병렬 방식의 버스$_{bus}$가 사용됐었는데, SCSI는 서버와 주변기기를 직렬로 연결하고 각 주변기기는 SCSI ID를 통해 식별했다.

또한 HDD를 논리적으로 분할한 유닛을 식별하기 위해서 **LUN**$_{logical\ unit\ number}$도 등장했다. 그리고 유닛은 너무나도 일반적인 명칭이었기에 다른 것과 구별하기 위해서 볼륨으로 불리게 됐다.

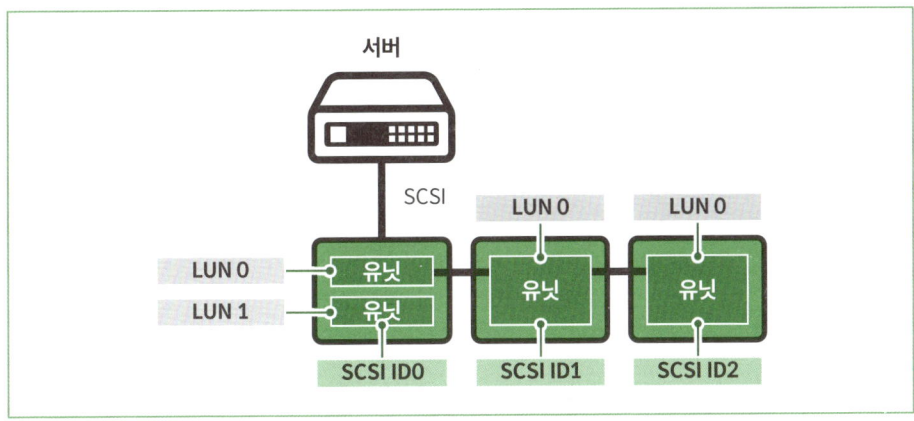

그림 2-13 **SCSI**

이후 SCSI는 직렬 방식에서 네트워크를 통한 연결 방식인 SAN으로 진화했다. 이전에는 직렬 방식이라 한 대의 서버에서만 접근이 가능했던 HDD가 여러 대의 서버에서 접근할 수 있게 됐다.

이때 SCSI를 하드웨어의 버스로는 이용하지 않게 됐지만 데이터를 읽고 쓰는 프로토콜로는 계속 사용됐는데, 이는 연결 형태가 바뀌어도 OS에서 바라보는 장치로서의 호환성을 유지하기 위해서다.

하지만 SAN으로 진화하면서 SCSI ID에는 큰 변경이 필요했다. 직렬 연결일 때는 단일 서버에서 보면 고유 ID로 HDD를 특정할 수 있지만, 여러 대의 서버에서 보면 SCSI ID 로는 HDD를 특정할 수 없기 때문이다.

그래서 다른 ID 형태가 등장했다. SAN의 초기부터 이용되고 있는 FC는 세상에서 유일한 ID가 되도록 설계된 **WWN**World Wide Name을 이용한다. 이후에 FC를 참고로 해 IP 네트워크에서 이용할 수 있도록 한 iSCSI는 WWN 대신에 IQN/EUI를 이용한다. 또한 SAN의 연결 형태를 유지하면서 SCSI 프로토콜을 대체한 NVMe는 WWN 대신에 NQN을 이용한다.

서버와 스토리지의 연결

iSCSI를 예시로 서버와 스토리지의 연결을 설명한다. 우선 서버와 스토리지의 연결 예시를 그림 2-14에 나타냈다.

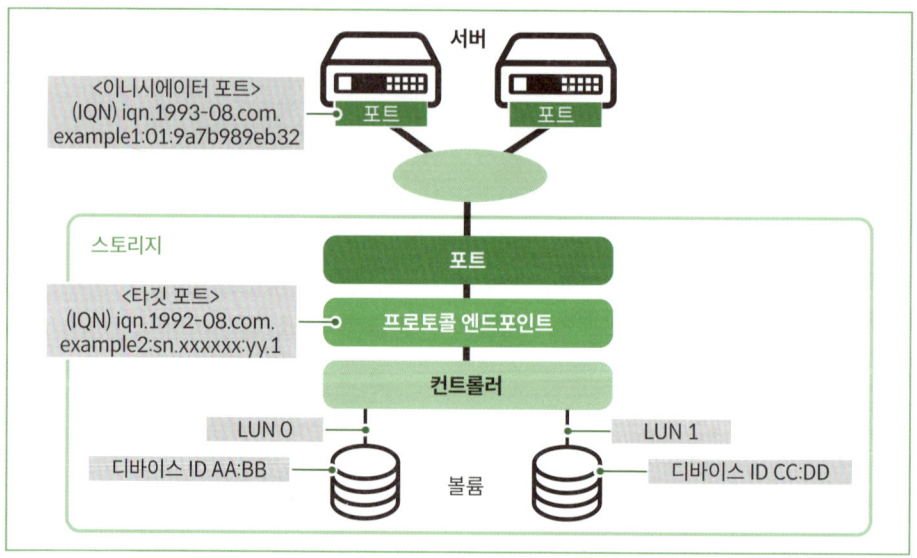

그림 2-14 iSCSI의 연결 예시

여기서는 서버와 스토리지의 포트를 식별하기 위한 ID로서 **IQN**iSCSI qualified name이 각각의 포트에 부여된다. IQN은 RFC 7143 등에 규정돼 있다. 또한 서버의 포트는 **이니시에이터[2] 포트**initiator port, 스토리지의 포트는 **타깃 포트**target port로 그 역할을 구분해서 부른다. 서버의 포트를 이니시에이터 포트로 부르는 건 서버와 스토리지 간 통신을 시작할 때 맨 처음 서버에서 패킷을 송신하기 때문이다.

스토리지 안의 프로토콜 엔드포인트는 연결된 포트의 IQN을 생성하고 관리한다. 하나의 포트를 논리적으로 나눠서 여러 IQN을 할당하는 제품도 있다. 또한 이니시에이터 포트의 IQN은 스토리지 내부에서 관리되며 접근 제어에 이용된다. 즉, 특정 서버의 이니시에이터 포트 통신만 허가함으로써 허가된 서버에서만 접근할 수 있도록 제어한다.

볼륨의 식별자로 디바이스 ID device ID와 LUN이 사용된다. 디바이스 ID는 각각의 볼륨을 식별하는 ID로 스토리지 내부에서 고유한 ID다. LUN은 경로path라는 볼륨의 연결에 관해 부여되는 식별 번호다. 같은 디바이스 ID를 갖는 볼륨에 대해 다른 LUN 번호를 여럿 부여한 구성도 가능하다.

이러한 타깃 포트의 IQN, LUN, 디바이스 ID에 의해 스토리지의 볼륨과 볼륨에 이르는 스토리지 내부 경로가 고유하게 결정된다. 이 조합이 다르다면 아무리 같은 디바이스 ID를 가진 볼륨이라도 서버는 다른 볼륨으로 인식한다.

> **TIP**
>
> 특정 서버에만 접근을 허용하는 설정은 스토리지뿐 아니라 서버와 스토리지 사이를 연결하는 네트워크 스위치에서도 할 수 있다. 구체적으로는 FC 스위치의 조닝zoning이나 네트워크 스위치의 VLAN 등을 설정함으로써 스위치의 특정 포트에 연결된 서버만이 스토리지에 접근할 수 있다.
>
> 스위치와 스토리지의 설정을 조합해서 허가된 서버에서만 접근할 수 있도록 설정하면 보다 유연한 접근 제어가 가능하다. 예를 들면, 가상 환경에서 가상 머신이 이용하는 네트워크 대역이 스토리지에 접근하는 것을 스위치에서 허용한다. 이를 통해 가상 머신만이 스토리지로 접근할 수 있다.

---

2 (옮긴이) 초기자라고도 한다.

그리고 스토리지의 볼륨에 대해서는 지정된 가상 머신만이 접근할 수 있도록 스토리지에서 설정한다. 이렇게 스위치와 스토리지 양쪽에서 설정함으로써 가상 머신만이 스토리지에 접근할 수 있으며, 특정 가상 머신만이 각 볼륨에 접근할 수 있다.

이처럼 스토리지를 이용하는 환경이나 사용 사례, 운영 부서의 정책에 맞춰 스위치와 스토리지의 접근 제어를 설정한다.

멀티패스 구성

멀티패스 구성은 서버에서 볼륨에 이르는 경로를 여럿 설정할 수 있다. 경로를 여럿 설정하여 내결함성이나 성능을 향상할 수 있다. 멀티패스 구성 예시를 그림 2-15에 나타냈다.

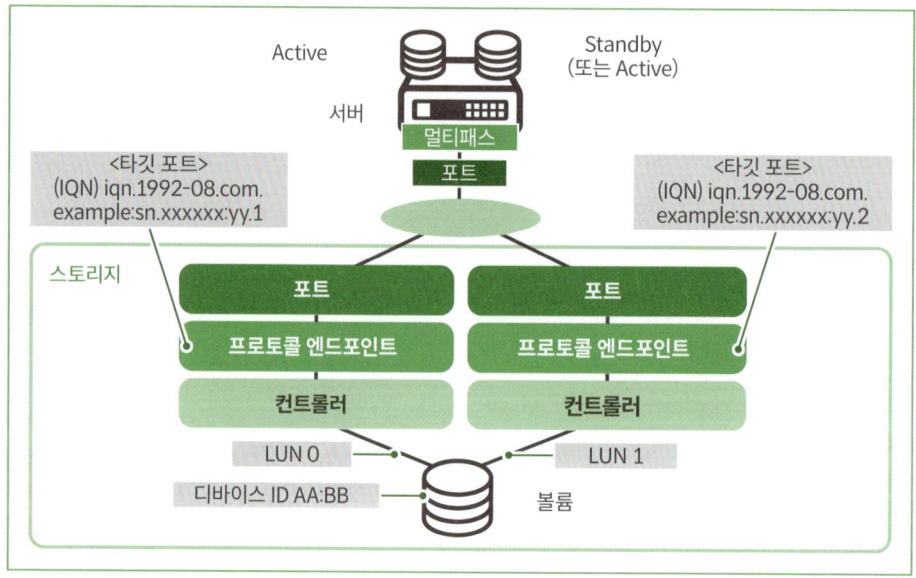

그림 2-15 멀티패스 구성 예시

멀티패스 구성은 같은 볼륨에 대해 다른 포트나 컨트롤러가 연결되도록 설정한다. 이렇게 구성하면 한 포트나 컨트롤러에 장애가 발생해도 다른 포트나 컨트롤러에서 접근할 수 있기에 내결함성이 향상된다. 또한 포트나 컨트롤러의 부하를 분산시킴으로써 성능의 향상도 꾀할 수 있다. 하지만 멀티패스 구성은 스토리지에서만 설정하면 안 되며 서버에도 멀티패스 소프트웨어를 설치해야 한다.

서버에서 보는 볼륨은 스토리지 타깃 포트의 IQN, LUN, 디바이스 ID에 의해 결정된다. 그렇기에 스토리지에서 멀티패스 구성을 했더라도 서버는 별개의 볼륨으로 인식한다. 그리고 별개의 볼륨으로 인식한 상태에서 동시에 같은 볼륨으로 데이터를 기록하면 볼륨의 데이터가 파손된다.

그래서 서버에서 멀티패스 소프트웨어를 통해 각기 다른 볼륨으로 인식된 볼륨을 하나의 볼륨으로 취급하도록 한다. 이 멀티패스 소프트웨어로 내결함성을 향상시킬 때는 **Active-Standby**로 설정하며, 성능을 향상시킬 때는 **Active-Active**로 설정한다. 단, 멀티패스 소프트웨어로 Active-Active로 설정하려면 스토리지의 컨트롤러도 Active-Active를 지원해야 한다.

2.1.4 replication

2.1.1절에서 설명한 데이터 보호 기술은 드라이브에 장애가 났을 때 데이터를 보호한다. 하지만 RAID 등으로 드라이브 장애에 의한 데이터 손실은 막을 수 있어도 볼륨의 장애나 스토리지 서버 단위의 장애 등 데이터 손실의 위험 요인은 존재한다.

이런 장애들로부터 중요한 데이터를 지키기 위해 사용하는 게 볼륨을 복제하는 replication이다. replication에는 같은 스토리지 서버 내에서의 복제부터 다른 스토리지 서버에 걸쳐 복제하는 것까지 다양한 종류가 있다.

하지만 어느 한 가지의 replication만 설정하면 데이터 손실 위험을 모두 방지할 수 없다. 데이터 손실이 허용되지 않는 중요한 데이터일수록 어떠한 장애가 발생해도 데이터가 손실되지 않도록 여러 replication을 조합해야 한다.

특징과 종류

replication은 서버에서 하는 방법과 스토리지에서 하는 방법이 있다. 그림 2-16에 서버에서의 replication과 스토리지에서의 replication의 데이터 흐름을 나타냈다.

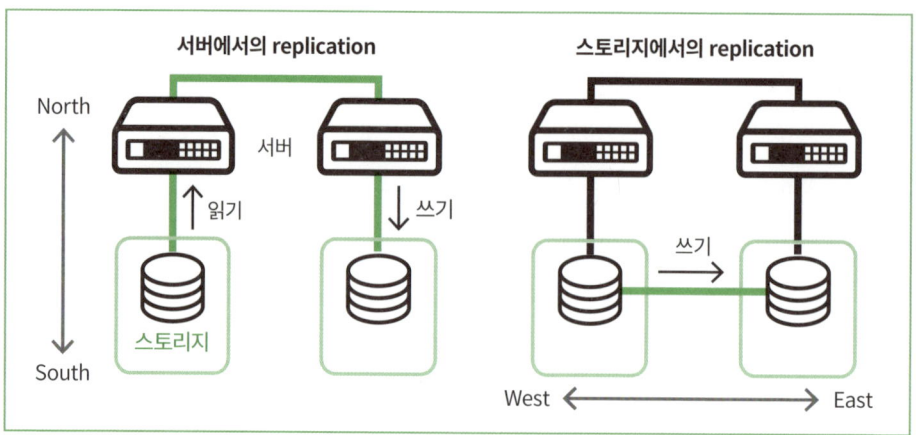

그림 2-16 서버에서의 replication과 스토리지에서의 replication

스토리지에서의 replication은 서버에서의 replication에 비해 다음과 같은 특징이 있다.

- replication의 처리를 서버의 자원(CPU나 메모리 등)을 사용하지 않고 실행할 수 있다.
- 스토리지 간의 네트워크(West-East)를 이용함으로써 서버가 외부에 서비스를 제공하는 네트워크(North-South)의 트래픽 부하를 줄일 수 있다.

이 특징 덕분에 스토리지에서의 replication은 서버에서 작동하는 애플리케이션에 주는 영향이 적다. 앞으로 이 책에서는 스토리지에서의 replication을 중심으로 설명한다.

스토리지에서의 replication에는 표 2-2처럼 타입, 로컬/리모트, 동기 타입의 세 조합에 따라 여러 종류가 있다. 이처럼 여러 종류가 존재하는 건 각각 특성이 다르기 때문이다.

replication을 할 때는 어떻게 데이터를 지킬지에 따라 구분해 사용하거나 몇 가지를 조합하기도 한다.

표 2-2 replication 종류

타입	로컬/리모트	동기 타입
미러	로컬	동기
미러	로컬	비동기
미러	리모트	동기
미러	리모트	비동기
클론	로컬	동기
클론	로컬	비동기
클론	리모트	동기
클론	리모트	비동기
스냅숏	로컬	동기(완전)
스냅숏	로컬	비동기(완전)
스냅숏	로컬	동기(차분)
스냅숏	로컬	비동기(차분)

표 2-2의 replication을 모두 갖춘 스토리지는 많지 않다. 스토리지 제품을 선정할 때는 어떤 replication을 갖췄는지 확인한다.

또한 표 2-2에는 생략됐지만 '실행한 시점에서만 데이터가 타깃으로 보내지는 replication = 클론'에도 모든 데이터를 복사하는 것 외에도 차분 데이터나 증분 데이터만을 취급하는 것도 있다. 또한 스냅숏의 동기(완전) 및 비동기(완전)는 제품에 따라서 클론의 일부로 제공되는 것도 있다.

로컬과 리모트

스토리지 서버 안에서 이루어지는 replication을 **로컬**local, 스토리지 서버 간에 걸쳐 이루어지는 replication을 **리모트**remote라고 한다. 또한 replication의 원본 볼륨을 **소스**source, replication의 대상 볼륨을 **타깃**target이라고 한다.

동일 스토리지 서버 안에서 replication이 이루어지는 로컬은 데이터의 복제 속도가 빠르다. 하지만 동일 스토리지 서버 안에서의 작업이기 때문에 장애가 발생하면 소스와 타깃 볼륨 모두를 이용할 수 없게 된다.

스토리지 서버 간 replication이 이루어지는 리모트는 데이터의 복제 속도가 로컬에는 못 미친다. 그리고 리모트는 그림 2-17에 나타낸 것처럼 스토리지 서버 간을 연결하는 네트워크에 West-East 트래픽을 고려한 설계가 필요하다. 하지만 다른 스토리지 서버 간이므로 장애가 발생해 소스 볼륨이 있는 스토리지가 다운돼도 타깃 볼륨을 통해 곧바로 서비스를 재개할 수 있다.

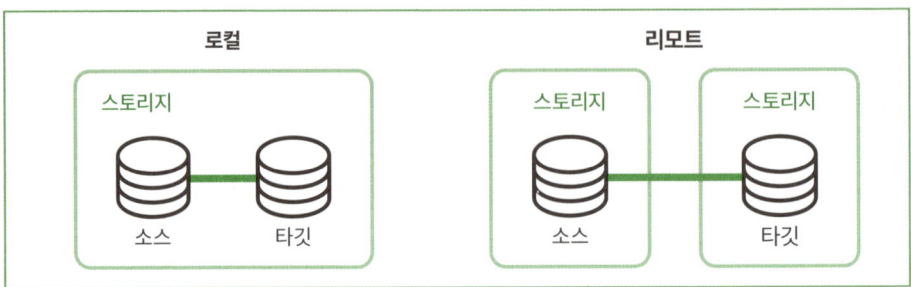

그림 2-17 로컬과 리모트

또한 리모트는 동일 데이터 센터 내부처럼 근거리나 100킬로미터 이상처럼 장거리 등 거리에 따라서 다른 리모트 replication 기능을 제공하는 스토리지도 많다. 이처럼 장거리용 replication의 경우, 소스에서 타깃으로 흐르는 데이터의 전송량을 조금이라도 줄이기 위해서 전송하기 전에 압축이나 중복 제거를 하는 것도 있다.

초장거리 replication의 경우, 스토리지의 리모트 replication 지원 거리를 초과하기도 한다. 그럴 때는 **멀티 홉**multihop으로 구성한다. 멀티 홉은 중계 역할을 하는 스토리지를 배치함으로써 리모트 replication을 실현한다.

중계 스토리지는 그림 2-18의 멀티 홉 1에 나타낸 것처럼 하나의 볼륨으로 타깃과 소스 양쪽을 설정하는 것도 있고 타깃과 소스 중 하나만 설정하는 것도 있다. 그럴 때는 중계 역할을 하는 스토리지에서 로컬 replication으로 대응한다.

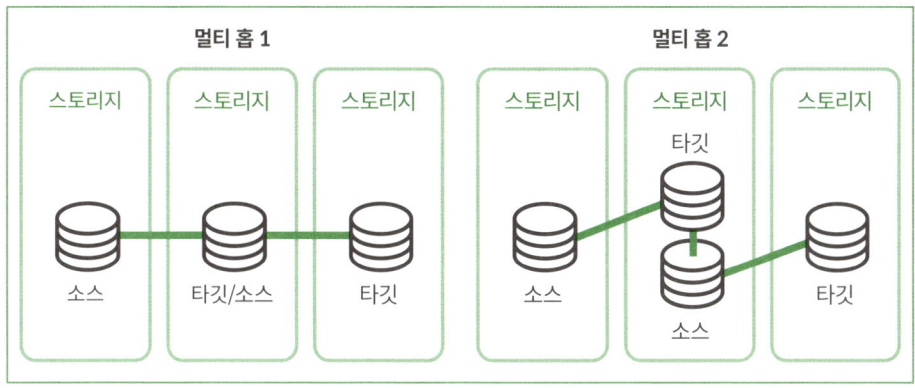

그림 2-18 멀티 홉

또한 지진과 같은 재해disaster에 대비한 장거리 replication은 재해 복구라고 한다.

동기와 비동기

소스와 타깃 사이에서는 데이터가 송신되는 시점을 고려해야 한다. 송신 시점에는 동기와 비동기가 있다. 그림 2-19에 서버에서 기록된 데이터가 어느 시점에 소스에서 타깃 볼륨으로 전송되는지 나타냈다.

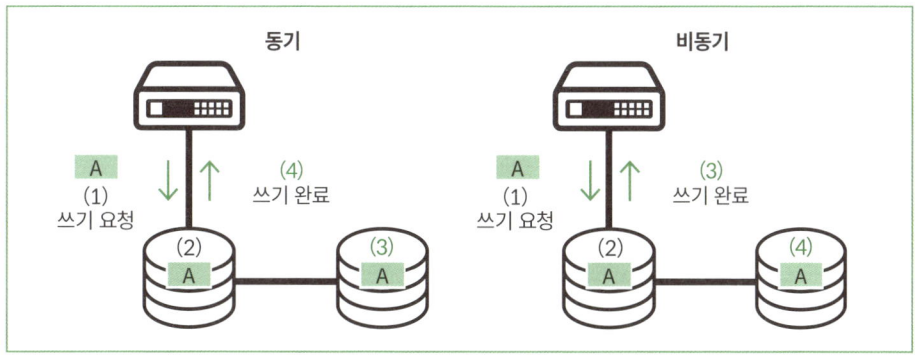

그림 2-19 동기와 비동기

동기synchronous는 서버에서 데이터가 기록됐을 때 소스 볼륨만이 아닌 타깃 볼륨에도 데이터를 기록한 후 서버에 쓰기 완료 메시지를 보낸다. 즉, 동기는 스토리지가 보낸 데이터의 쓰기 완료 메시지가 서버에 돌아오면 타깃 볼륨에도 쓰기 완료가 보장된다.

그렇기에 장애가 발생했더라도 반드시 타깃 볼륨에도 소스 볼륨과 동일한 데이터가 저장돼 있다. 하지만 타깃 볼륨에도 데이터를 쓰기 때문에 쓰기 속도가 저하된다. 특히 리모트로 동기를 이용할 때는 스토리지 간 네트워크 성능에 동기 속도가 영향을 받기 때문에 주의해서 설계해야 한다.

비동기asynchronous는 서버에서 데이터가 기록됐을 때 소스 볼륨에 데이터를 기록한 후 서버로 쓰기 완료 메시지를 보낸다. 그 후 적절한 시점에 타깃 볼륨으로 데이터를 보낸다. 이 시점은 replication 주기(동기 주기)로 설정하거나 컨트롤러의 CPU, 메모리 상황에 따라 실행되는 등 스토리지에 따라 다르다.

즉, 비동기의 경우 스토리지가 보낸 데이터의 쓰기 완료 메시지가 서버에 돌아왔을 때 보장되는 것은 소스 볼륨에 기록된 데이터뿐이며, 타깃 볼륨의 데이터는 보장되지 않는다. 장애가 발생했을 때 시점에 따라서는 replication을 구성했더라도 타깃 볼륨으로 데이터가 송신되지 않는 일도 있다. 쓰기 성능은 소스 볼륨에만 기록하기 때문에 속도 저하는 발생하지 않는다.

이처럼 replication의 동기와 비동기는 내결함성과 성능의 차이를 고려해서 선택한다.

미러링과 클론

대표적인 replication으로 미러와 클론 방식이 있다.

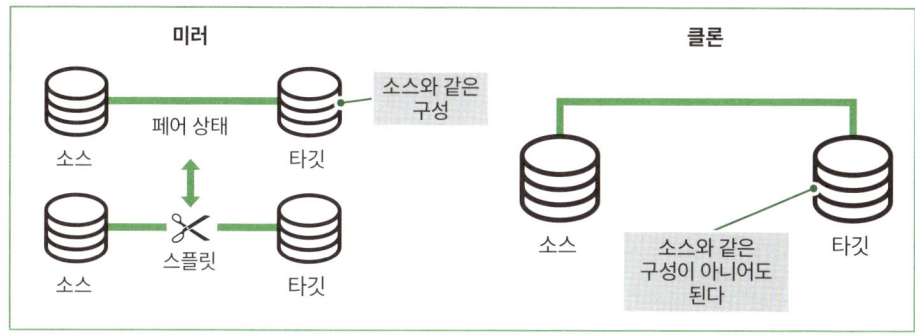

그림 2-20 미러와 클론

미러mirror는 소스 볼륨과 타깃 볼륨 사이를 **페어**pair **상태**로 만드는 replication이다. 페어 상태에서는 소스 볼륨에 쓰기 활동이 생기면 타깃 볼륨으로 데이터를 보낸다. 페어 상태일 때 소스 볼륨 이외의 타깃 볼륨에 쓰기 활동이 생기면 데이터가 손실되기 때문에 타깃 볼륨으로의 쓰기는 금지돼 있다.

스토리지에 따라서는 타깃 볼륨의 경로 설정이 금지된 것도 있다. 또한 대부분의 스토리지는 안전한 페어 상태를 유지하기 위해서 미러의 소스 볼륨과 타깃 볼륨의 구성을 동일하게 해야 한다.

예시로 소스 볼륨은 속도가 빠른 SSD로 구성됐고, 타깃 볼륨은 속도가 느린 HDD로 구성됐다고 하자. 이때 소스 볼륨에 기록된 데이터를 타깃 볼륨으로 보낼 때 성능 차이 때문에 데이터의 기록에 지연이 계속 발생하게 된다. 최악의 경우 메모리 **오버플로**overflow가 발생해 페어 상태를 유지할 수 없다. 이런 일이 일어나지 않도록 대부분의 스토리지에서는 같은 구성으로만 미러를 설정할 수 있다.

이 페어 상태를 해제하는 조작을 **스플릿**split이라고 한다. 스플릿되면 소스 볼륨의 데이터는 타깃 볼륨으로 보내지지 않는다. 즉, 타깃 볼륨은 스플릿한 시점의 데이터가 저장되며, 이 타깃 볼륨은 쓰기나 경로 설정이 가능하다.

클론clone은 실행한 시점에서만 데이터가 타깃 볼륨으로 보내지는 replication이다. 즉, 타깃 볼륨은 클론을 실행한 시점의 데이터가 저장된다. 스토리지에 따라서는 클론을 실행하면 단순히 데이터를 복사하는 것도 있다. 또한 미러와는 달리 페어 상태가 아니기 때문에 소스 볼륨보다 용량이 큰 타깃 볼륨이라면 클론이 가능하다.

스냅숏

스냅숏snapshot이란 **포인트 인 타임 복사**point-in-time copy라고도 하며, 실행된 시점의 데이터를 볼륨과는 다른 영역으로 복사하는 기능이다. 표 2-2에 나타낸 것처럼 스냅숏에는 데이터를 완전히full 복사하는 것과 차분delta 데이터만 복사하는 것이 있다.

그런데 완전히 복사된다는 건 클론과 거의 동일하므로 차분 데이터만 복사하는 스토리지가 대부분이다. 그래서 이 책에서 말하는 스냅숏은 차분 데이터만 복사하는 기능을 가리킨다.

대부분의 스냅숏은 카피 온 라이트copy-on-write, COW라는 기술로 실현한다. COW는 볼륨에 데이터 쓰기가 발생했을 때 기록된 데이터를 다른 영역으로 복사하고, 스냅숏이 실행된 시점의 데이터를 복원할 수 있도록 데이터를 유지한다. 또한 이 다른 영역은 다른 스토리지 풀로 설정하거나 볼륨의 메타데이터 영역으로 설정하는 것 등 스토리지에 따라 다르다.

스냅숏에 의한 데이터 유지 예시를 그림 2-21에 나타냈다.

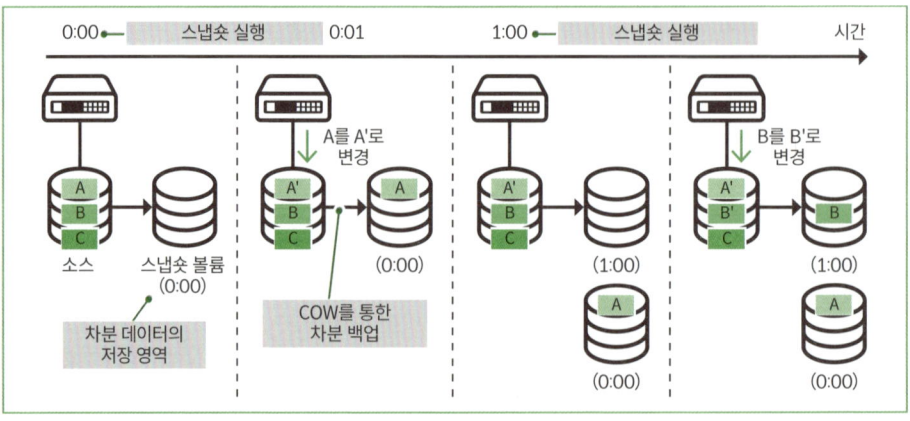

그림 2-21 스냅숏

그림 2-21을 보면서 스냅숏의 흐름을 설명한다. 우선 0:00 시점에 스냅숏을 실행했다고 하자. 스냅숏을 실행하면 차분 데이터를 저장하는 영역이 확보된다. 그 후 서버에서 데이터 A가 A'로 변경되면 COW를 통해 데이터 A가 저장 영역으로 복사된다.

1:00 시점에 재차 스냅숏을 실행하면 0:00 시점의 영역과는 다른 영역이 확보된다. 그 후 데이터 B가 B'로 변경돼 COW를 통해 1:00 시점의 데이터였던 데이터 B가 1:00 시점에 확보된 저장 영역으로 복사된다. 이처럼 스냅숏을 실행한 시점에서 각각의 저장 영역을 생성하고 COW를 통해 각 영역으로 데이터가 복사된다.

복원restoration은 소스 볼륨의 데이터와 각 저장 영역의 데이터를 조합함으로써 지정한 시점의 데이터로 복원한다. 0:00 시점의 데이터로 복원하는 경우, 0:00 시점과 1:00 시점의 저장 영역에 저장된 데이터를 소스 볼륨의 데이터에 덮어써 0:00 시점의 데이터를 만든다. 또한 1:00 시점의 데이터로 복원하는 경우, 1:00 시점의 저장 영역에 저장된 데이터를 소스 볼륨의 데이터에 덮어써 1:00 시점의 데이터를 만든다.

이 복원된 볼륨은 서버에서 읽기만 가능하게 하거나 쓰기도 가능하게 설정하는 등 스토리지에 따라 다르다. 특히 복원된 볼륨에 쓰기를 허가하는 것을 **시점 복제본**writable snapshot이라고 한다.

스냅숏을 삭제하면 스냅숏의 저장 영역이 삭제된다. 저장 영역이 삭제될 때는 삭제 전에 인접한 저장 영역과 병합이 이루어져 과거 시점의 데이터를 잃지 않도록 주의해야 한다. 그림 2-21의 예시에서 0:00과 1:00 시점의 스냅숏 저장 영역이 존재하는 상태에서 0:00 시점의 저장 영역을 삭제했다고 하자. 이때 0:00 시점의 저장 영역에 저장돼 있던 데이터 A가 1:00 시점의 저장 영역으로 복사된 후 0:00 시점의 저장 영역이 삭제된다. 또한 저장 영역의 병합 처리는 스토리지에 따라 중간 시점의 저장 영역을 삭제하거나 가장 낡은 저장 영역만 삭제하는 등 다양하므로 주의가 필요하다.

스냅숏에는 다음과 같은 이점이 있다.

- 차분 데이터만 보존하기 때문에 차지하는 드라이브 용량이 적다.
- 저장 영역만 확보하면 되기 때문에 스냅숏의 실행 시간은 미러나 클론 등과 비교해 짧다.

한편 스냅숏에는 다음과 같은 결점도 있다.

- 복원할 때는 소스 볼륨에 접근하기 때문에 소스 볼륨 자체의 성능이 저하된다.
- 소스 볼륨에 장애가 발생했을 때는 복원할 수 없다.
- 차분 데이터가 많아지면 복원에 시간이 걸린다.

이처럼 이점이나 결점이 있는 스냅숏이지만 어떤 시점의 데이터를 백업 데이터로 생성해 다른 스토리지 서버로 백업하는 등 많은 이용 사례가 있다.

2.2 파일 스토리지

파일 스토리지는 여러 서버들 사이에서 파일 공유를 주된 목적으로 한 스토리지다. 그렇기에 파일 시스템과 파일 공유 기능을 갖추고 있다. 파일 스토리지의 구성도를 그림 2-22에 나타냈다.

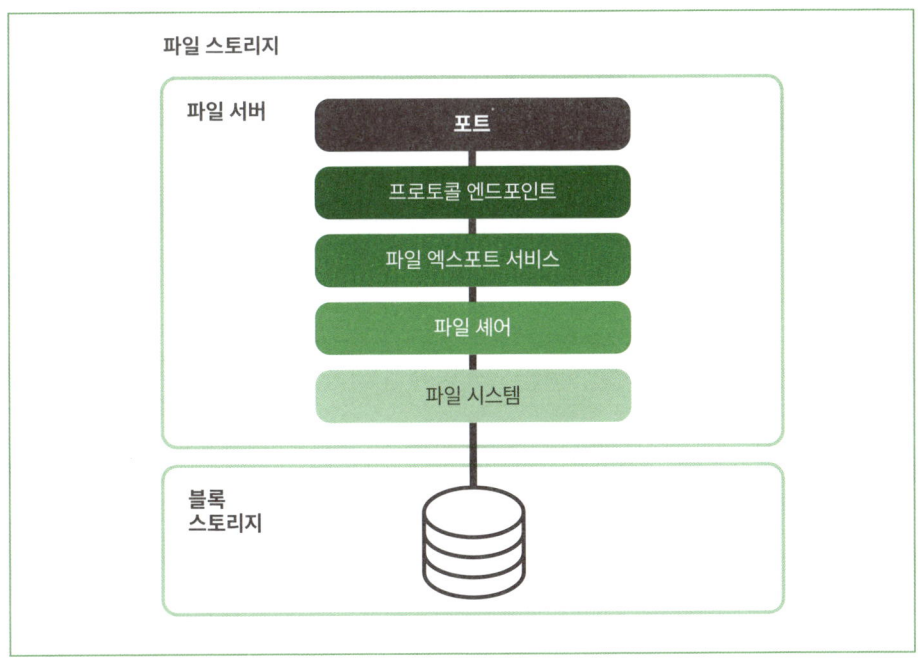

그림 2-22 파일 스토리지 구성도

파일 스토리지는 주로 다음 요소로 구성된다.

- 파일 서버
  - 포트
  - 프로토콜 엔드포인트
  - 파일 엑스포트 서비스
  - 파일 셰어
  - 파일 시스템
- 블록 스토리지

파일 스토리지는 파일 시스템이나 파일 공유를 제공하기 위한 파일 서버file server 와 데이터를 저장하기 위한 블록 스토리지로 구성된다. 블록 스토리지가 제공한 볼륨을 파일 스토리지 내부에서 파일 서버로 이용한다. 파일 서버는 이 볼륨에 파일 시스템을 생성해 파일을 관리하고 파일 공유 프로토콜을 사용해서 서버에 정보를 제공한다.

우선 프런트엔드가 될 파일 서버를 설명한다. 파일 서버에서는 일반적인 서버와 마찬가지로 OS가 가동되며 파일 스토리지에 필요한 소프트웨어가 실행된다. 스토리지에 따라 전용 OS를 독자적으로 개발하거나 리눅스 등의 범용 OS를 채택한다.

포트는 물리적인 요소이며 이더넷을 연결하는 입구다. 그리고 프로토콜 엔드포인트는 논리적인 요소로 IP 주소나 포트 번호 같은 서버가 접근할 때 사용하는 식별자를 관리한다.

파일 엑스포트 서비스file export service는 파일 공유 서비스를 관리하는 논리적인 요소다. 대표적인 파일 공유 서비스로는 리눅스 등에서 이용하는 NFS나 윈도우 등에서 이용하는 SMB/CIFS가 있다. 이 파일 엑스포트 서비스로 파일 공유를 할 때 파일과 디렉터리 정보를 관리하는 것이 파일 셰어file share다.

파일 시스템file system은 파일과 디렉터리를 관리한다. 대표적인 파일 시스템으로는 리눅스에서 이용하는 ext4나 xfs, 윈도우에서 이용하는 NTFS 등이 있다. 또한 스토리지에 따라서는 독자적인 파일 시스템을 갖춰 특장점을 내세운 것도 있다.

백엔드가 될 블록 스토리지는 2.1절을 참고한다.

2.2.1 파일 시스템

블록 스토리지가 제공한 볼륨에는 '파일'의 개념이 없다. LBA로 접근할 수 있는 단순한 그릇에 불과하다. 파일 시스템은 그저 그릇인 블록 스토리지에 사용자가 스토리지를 이용하기 쉽게 하기 위한 자원으로서 '파일'을 생성하고 관리한다. 여기서는 많은 파일 시스템이 채택한 공통 구조의 개요를 그림 2-23에 나타냈다.

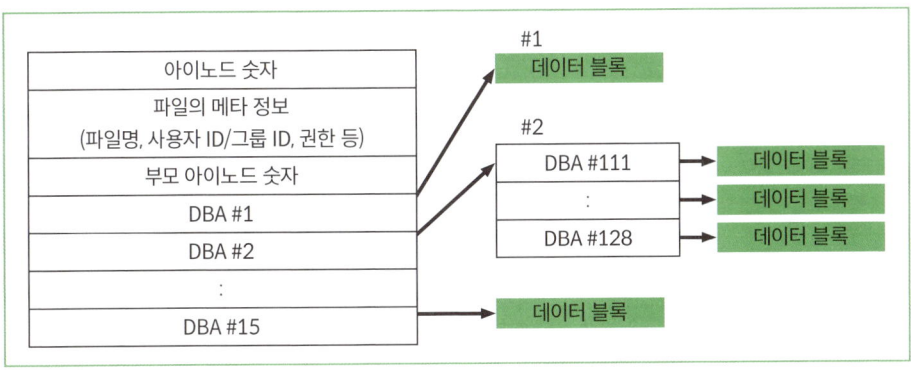

그림 2-23 파일 시스템 개요

우선 파일 시스템에는 파일과 디렉터리를 관리하기 위한 데이터로서 **아이노드**inode라는 관리 데이터가 있다. 이 아이노드는 파일명, 파일 소유자, 소유 그룹의 ID 그리고 권한과 같은 파일의 속성 정보를 보유한다.

또한 아이노드는 자신의 **부모 아이노드 숫자**inode number도 보유한다. 예를 들면, 부모의 아이노드 숫자에 디렉터리 A의 아이노드 숫자가 있다면 해당 아이노드의 파일은 디렉터리 A의 지배하에 있다는 걸 나타낸다. 그리고 아이노드는 실제 데이터를 저장하는 영역의 주소인 **DBA**data block address를 갖는다. 크기가 큰 파일은 DBA의 관리 테이블을 다단 구조로 하여 많은 DBA를 할당한다.

이처럼 아이노드를 통해 파일의 속성과 데이터가 저장된 주소를 사용해 '파일'이라는 개념을 만든다. 또한 '디렉터리'도 아이노드로 관리한다. 아이노드의 DBA에 해당 디렉터리에 존재하는 파일의 아이노드 주소를 저장함으로써 디렉터리를 관리한다.

파일 시스템은 아이노드를 사용해 '파일'이라는 의미 있는 단위로 데이터의 저장 영역 덩어리를 블록 스토리지상에 만든다. 이 파일 시스템을 생성해서 초기화하는 조작을 **포맷**(논리 포맷)format이라고 한다.

2.2.2 파일 공유와 록

파일 스토리지는 파일 시스템에 의해 만들어진 파일과 디렉터리를 여러 서버에서 접근할 수 있도록 한다. 이를 파일 공유라고 한다. 파일 공유는 파일 시스템을 갖지 않는 블록 스토리지[3]에서는 이용할 수 없다.

파일 공유에서는 데이터만이 아닌 파일 시스템에서 관리하는 파일의 메타 정보도 공유된다. 하지만 파일을 공유하는 서버를 같은 네임 서비스로 관리하지 않을 때는 주의해야 한다. 네임 서비스란 사용자명, 사용자 ID, 그룹명, 그룹 ID 등을 공유해 여러 서버에서 같은 사용자명이나 그룹명을 공유하는 서비스다. 대표적으로 경량 디렉터리 액세스 프로토콜Lightweight Directory Access Protocol, LDAP과 액티브 디렉터리Active Directory, AD가 있다. 네임 서비스를 이용하지 않는 환경에서는 설정한 OS 안에서만 작동하므로 다른 서버에는 공유할 수 없다.

그렇기에 파일 스토리지로 파일 공유를 할 때는 네임 서비스 설정이 중요하다. 그림 2-24에 다른 네임 서비스가 설정된 서버 간에 파일 공유를 한 예시를 나타냈다.

---

[3] [옮긴이] 대표적인 제품은 델의 PowerVault 제품이다. 하지만 블록 스토리지로 연결한 서버에서 다시 NFS 등을 통해 파일 스토리지처럼 사용하는 편법도 있다.

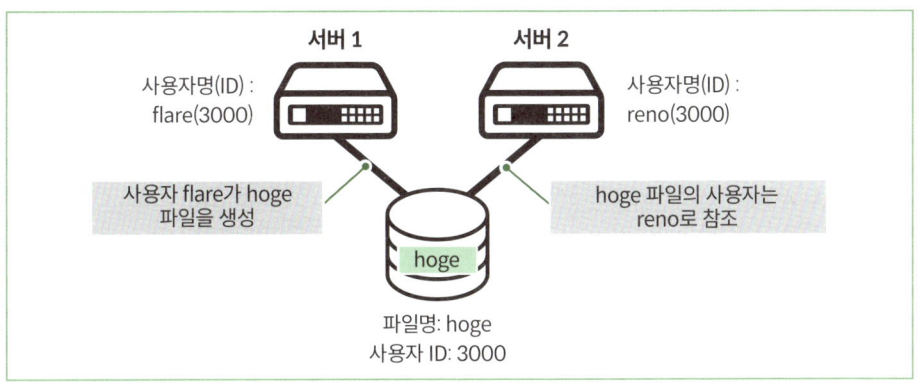

그림 2-24 다른 네임 서비스로 파일 공유를 한 예시

그림 2-24의 예시에서는 서버 1의 사용자 flare가 hoge 파일을 생성했다. 이때 파일 스토리지의 파일 시스템에서는 파일의 메타 정보에 파일을 생성한 사용자인 flare의 사용자 ID 3000이 저장된다. 이 hoge 파일을 서버 2에서 참조하면 사용자 ID 3000인 사용자 reno가 소유자로 보인다. 이는 파일 시스템에서 ID로 파일의 소유자를 메타 정보로서 관리하기 때문이다.

당연히 각 서버에서 사용자 ID/그룹 ID에 다른 사용자명/그룹명을 설정했다면 공유한 파일의 정보도 다르게 보인다. 그리고 대부분의 OS나 애플리케이션이 파일의 사용자나 그룹을 조작할 때 사용자명이나 그룹명을 이용하는 일이 많아 이 같은 환경에서는 장애를 일으키기 쉽다.

그러므로 파일 공유를 하는 서버를 동일한 네임 서비스로 관리하는 걸 권장한다. 또한 리눅스와 윈도우같이 다른 OS(파일 시스템) 간에는 권한 등도 그 의미가 다르므로 파일 공유를 할 때는 주의해야 한다.

다음으로 여러 서버로 파일 공유를 할 때 데이터의 손실을 막기 위해 필요한 록을 설명한다. 블록 스토리지는 서버가 읽기나 쓰기를 할 때 여러 서버가 동시에 쓰기를 하여 데이터가 손실되지 않도록 하는 록 기능이 없다. 그렇기에 블록 스토리지는 하나의 서버에서만 쓰기가 이루어지도록 경로를 적절히 설정해야 한다.

이에 비해 파일 스토리지에는 서버가 파일을 열 때 지정된 록 정보를 다른 서버로 알리는 기능이 있다. 구체적으로는 OS에서 파일을 열 때 시스템 호출(open 등)을 통해 지정된 록 정보를 파일 공유 프로토콜로 알린다.

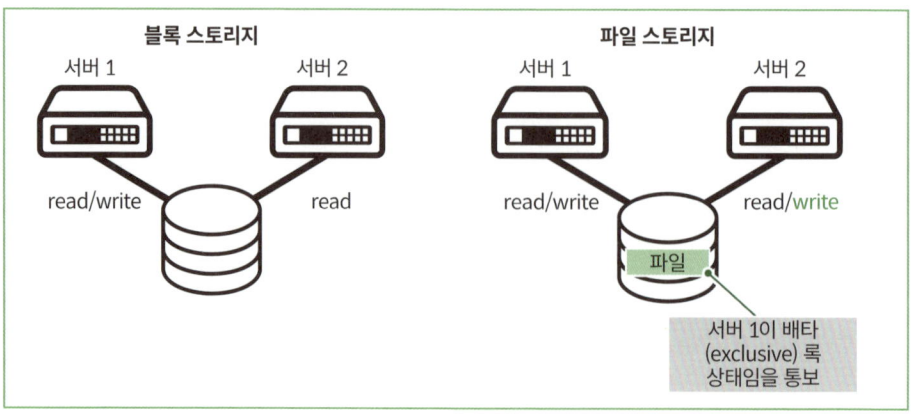

그림 2-25 록

파일 엑스포트 서비스는 이 록 정보를 여러 서버가 서로 알리는 구조를 사용해 여러 서버가 동시에 같은 파일에 쓰기를 해도 파일의 손실이 일어나지 않게 막는다. 대표적인 록 기능을 하는 프로그램으로 NFS의 네트워크 록 매니저network lock manager, NLM가 있다.

이처럼 파일 스토리지에서는 파일 공유와 록 구조를 통해 여러 서버에서 안전하게 파일 공유를 할 수 있다.

2.3 오브젝트 스토리지

오브젝트 스토리지는 이미지, 동영상, 백업 데이터 등 크기가 큰 파일을 저장한다. 파일 스토리지와 같이 파일 시스템에 의존한 데이터 관리가 아닌, 오브젝트라는 독자적인 형식으로 관리함으로써 대량의 대용량 파일을 쉽게 다룬다.

또한 프로토콜로 보통 HTTP/HTTPS를 채택한 제품이 많은 것도 오브젝트 스토리지의 특징이다. 그렇기에 파일 스토리지보다 성능이 떨어지긴 하나 방화벽을 통과하기 쉬워 인터넷을 통한 파일 공유에서 자주 이용한다.

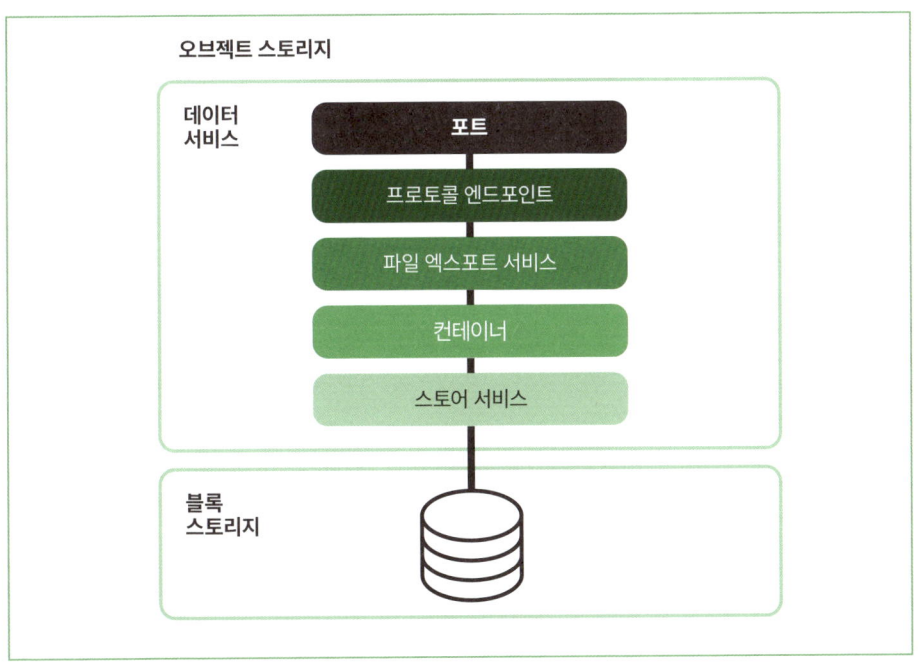

그림 2-26 오브젝트 스토리지 구성도

오브젝트 스토리지는 주로 다음 요소로 구성된다.

- 데이터 서비스
    - 포트
    - 프로토콜 엔드포인트
    - 파일 엑스포트 서비스
    - 컨테이너
    - 스토어 서비스
- 블록 스토리지

오브젝트 스토리지는 오브젝트로 저장하고 공유하기 위한 데이터 서비스data service 와 데이터를 저장하기 위한 블록 스토리지block storage로 구성된다. 데이터 서비스는 블록 스토리지가 제공한 볼륨을 오브젝트 스토리지 내에서 이용한다. 데이터 서비스는 이 볼륨상에 키-값 저장 방식key-value store의 데이터베이스인 스토어 서비스를 구축하고 데이터를 관리한다.

우선 프런트엔드인 데이터 서비스를 설명한다. 데이터 서비스는 여느 서버와 마찬가지로 OS가 부팅되고 오브젝트 스토리지에 필요한 소프트웨어가 실행된다. 스토리지에 따라서는 독자적으로 개발한 전용 OS를 채택한 제품이나 리눅스 등의 범용 OS를 채택한 제품도 있다.

포트는 물리적인 요소인 이더넷을 연결하는 입구다. 이 포트의 논리적인 요소가 프로토콜 엔드포인트다. 프로토콜 엔드포인트는 서버의 접근 지점인 URI를 관리한다.

파일 엑스포트 서비스는 오브젝트 공유 서비스를 관리하는 요소다. 대표적인 프로토콜인 HTTP/HTTPS를 사용한 RESTful API를 제공해 데이터 조작에 CRUDcreate, read, update, delete를 채택한 것도 적지 않다. RESTful API는 대부분의 웹 서비스에서 이용하고 있으며 같은 프로토콜로 스토리지에 접근할 수 있으므로 웹 서비스에서 활용도가 높다.

컨테이너container 는 데이터를 오브젝트로 저장할 때 그릇이 되는 논리적인 요소다. 오브젝트 스토리지의 컨테이너는 도커나 쿠버네티스의 컨테이너와는 다르다. 제품이나 서비스에 따라서는 버킷bucket이라고도 한다.

스토어 서비스store service 는 오브젝트를 저장하는 데이터베이스다. 오브젝트 스토리지의 대부분은 데이터베이스로 키-값 저장 방식의 데이터베이스를 채택했다.

백엔드인 블록 스토리지는 2.1절을 참고한다.

2.3.1 키-값 저장 방식

오브젝트 스토리지는 서버가 쓴 데이터를 오브젝트라는 단위로 분할해 키-값 저장 방식의 데이터베이스에 저장하고 관리한다.

파일 스토리지는 데이터를 '파일'이라는 자원으로 나눠서 파일 시스템으로 관리한다. 그런데 2.2.1절에서 설명한 것처럼 파일 시스템은 inode로 파일을 표현해 관리한다. 그렇기에 한 파일당 최대 크기나 저장할 수 있는 파일 개수에 제한이 있다. 게다가 파일 시스템은 트리 구조로 inode를 관리하므로 파일 개수나 용량이 큰 파일이 증가하면 inode 개수가 증가해 검색 성능이 저하된다.

이에 비해 오브젝트 스토리지는 데이터를 ID인 키와 데이터 자체인 값으로 나눠 키-값 저장 방식의 데이터베이스로 관리한다. 데이터베이스는 해시 코드를 기준으로 ID를 사용해 검색하기 때문에 오브젝트 개수나 용량이 큰 오브젝트가 늘더라도 검색 성능의 저하는 거의 발생하지 않는다. 키-값 저장 방식의 데이터베이스로는 제조사가 자체 개발한 제품 외에 오픈소스 소프트웨어인 카산드라Cassandra나 레디스Redis 등이 있다.

데이터베이스에 저장할 때의 모델은 제품의 특징 덕분에 스토리지마다 모두 다르다. 이 책에서는 개념을 이해하기 위해서 SNIA가 제정하는 오브젝트 스토리지의 참고 모델인 **CDMI**cloud data management interface를 예로 들어 그림 2-27에 나타냈다.

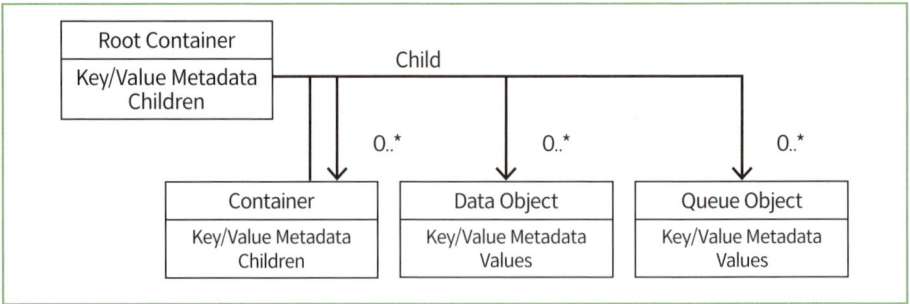

그림 2-27 CDMI 오브젝트 모델

- 루트 컨테이너
  - 컨테이너의 상단인 오브젝트다.
- 컨테이너
  - 컨테이너는 0개 이상의 자식 오브젝트를 갖고 컨테이너 전체에 연관되는 메타데이터를 저장한다.
  - 컨테이너는 데이터를 저장하지 않으며, 파일 시스템의 디렉터리와 비슷한 기능을 하는 오브젝트다.
- 데이터 오브젝트
  - 데이터 오브젝트는 데이터 및 연관되는 메타데이터를 저장한다.
  - 데이터 오브젝트는 파일 시스템의 파일과 같은 기능을 나타낸다.
- 큐 오브젝트 queue object
  - 큐 오브젝트는 0개 이상의 데이터 및 연관되는 메타데이터를 저장한다.
  - 데이터 오브젝트와 비슷한 기능이나 FIFO(선입선출) first in, first out로 접근하는 값에 대해서는 큐 오브젝트를 사용한다.

루트 컨테이너 root container와 컨테이너가 그릇이 되며, 데이터 오브젝트 data object와 큐 오브젝트 queue object가 데이터를 저장한다. 데이터 오브젝트와 큐 오브젝트는 비슷한 기능이지만, 데이터를 쓴 순서를 보장할 때는 큐 오브젝트를 이용한다. 각 오브젝트의 메타데이터는 정보의 접근 권한이 있어 특정 클라이언트에게만 접근을 허가한다.

오브젝트 스토리지에서는 내부에 마련된 키-값 저장 방식의 데이터베이스에서 단순한 모델을 통해 오브젝트로 데이터를 관리한다.

CHAPTER 3
베어메탈 서버/
가상 머신에서의
사용 방법

이 장에서는 스토리지 사용자가 베어메탈 서버나 가상 머신에서 스토리지 볼륨을 인식시키고 데이터를 읽고 쓸 수 있도록 설정하는 방법을 설명한다. 기본적인 설정 방법은 가상 머신 등을 이용하지 않고 순수한 OS를 이용하는 베어메탈 서버다. 먼저 베어메탈 서버로 설정하는 방법을 설명하고 그다음에 가상 머신을 설명한다.

또한 오브젝트 스토리지는 웹 브라우저나 전용 클라이언트 프로그램으로 이용하기 때문에 이 장에서는 오브젝트 스토리지는 설명하지 않고 블록 스토리지(iSCSI)와 파일 스토리지(NFS)를 설명한다.

3.1 베어메탈 서버에서 이용하는 방법

먼저 **베어메탈 서버**bare-metal server에서 스토리지의 볼륨을 이용하는 방법을 설명한다. 그림 3-1에 베어메탈 서버에서 스토리지 볼륨을 사용하기까지 설정 흐름을 나타냈다.

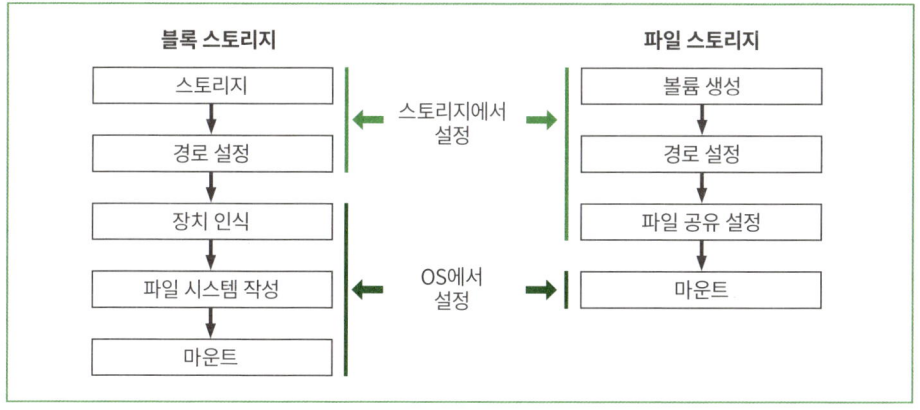

그림 3-1 설정 흐름

먼저 처음엔 블록 스토리지와 파일 스토리지에 볼륨을 생성하고 경로를 설정한다. 이 볼륨 생성과 경로 설정 방법은 스토리지나 스토리지 관리 프로그램마다 다르다. 파일 스토리지의 경우 경로 설정을 한 뒤 파일 공유를 설정한다. 이용하는 스토리지의 기술 문서를 참고해 볼륨 생성, 경로 설정, 파일 공유 설정을 하자.

다음으로 블록 스토리지의 경우 볼륨을 이용할 OS에 로그인해 볼륨을 장치로 인식시킨다. 장치로 인식시키려면 스토리지의 볼륨을 발견하는 **디스커버리**discovery와 OS의 장치로 연결하는 **어태치**attach라는 두 가지 조작[1]이 필요하다.

OS의 장치로 연결한 뒤 장치에 파일 시스템을 생성한다. 이 장치 인식과 파일 시스템 생성은 블록 스토리지일 때만 필요한 조작이다. 파일 스토리지는 이미 파일 시스템이 생성돼 제공되기 때문이다.

마지막으로 파일 시스템을 생성한 장치를 마운트하면 사용자가 이용할 수 있다.

> **TIP**
>
> OS의 장치로 연결한 뒤 필요에 따라 2.1.3.2절에서 설명한 멀티패스 소프트웨어나 **논리 볼륨 관리자**Logical Volume Manager, LVM를 설정한다.
>
> LVM은 OS의 장치로 연결한 여러 볼륨을 **볼륨 그룹**volume group, VG으로 관리하며, VG에서 논리 볼륨을 만든다. LVM을 사용하면 시스템을 멈추지 않고 논리 볼륨의 크기를 확장하거나 축소할 수 있다.

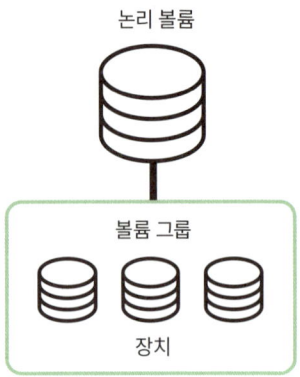

그림 3-2 LVM

볼륨 크기의 확장을 지원하지 않는 스토리지는 LVM을 사용해 크기를 확장한다.

---

1 〔옮긴이〕 앞으로 디스커버리는 '찾는다', '발견한다' 그리고 어태치는 '붙인다'로 표현한다.

3.1.1 블록 스토리지(iSCSI) 이용 예시

블록 스토리지(iSCSI)의 이용 예시를 소개한다. 이 예시는 미리 스토리지에서 해야 하는 볼륨 생성과 경로 설정은 완료됐다고 가정한다. 또한 스토리지와 서버를 연결하는 네트워크도 서로 통신이 가능한 상태를 전제로 한다.

리눅스에서 블록 스토리지를 이용하는 예시

사용하는 OS는 다음과 같다.

- 우분투 22.04

미리 **iSCSI 이니시에이터**iSCSI initiator 소프트웨어(open-iscsi)를 설치해야 한다.

```
$ sudo apt-get update
$ sudo apt-get install open-iscsi -y
```

1 장치 인식

iscsiadm 명령어를 사용해 스토리지를 찾는다. 이때 스토리지의 타깃 포트 IP 주소(192.168.0.114)를 지정한다.

```
$ sudo iscsiadm -m discovery -t sendtargets -p 192.168.0.114
192.168.0.114:3260,1 iqn.2022-10.example.com:lun1
```

찾는 데 성공하면 스토리지의 타깃 포트 IQN(iqn.2022-10.example.com)과 LUN(lun1)이 반환된다. 그리고 발견한 스토리지에 로그인한다.

```
$ sudo iscsiadm -m node --targetname iqn.2022-10.example.com:lun1 --login
Logging in to [iface: default, target: iqn.2022-10.example.com:lun1,
portal:192.168.0.114,3260]
Login to [iface: default, target: iqn.2022-10.example.com:lun1,
portal:192.168.0.114,3260] successful.
```

로그인에 성공하면 스토리지 볼륨이 OS에 붙어 장치가 생성된다. 붙는 건 `dmesg` 로그에서 확인할 수 있다.

```
$ sudo dmesg
...
[970.449533] Loading iSCSI transport class v2.0-870.
[970.481511] iscsi: registered transport (tcp)
[1390.471383] scsi host3: iSCSI Initiator over TCP/IP
[1390.507495] scsi 3:0:0:0: RAID IET Controller 0001 PQ: 0 ANSI: 5
[1390.510325] scsi 3:0:0:0: Attached scsi generic sg2 type 12
[1390.513530] scsi 3:0:0:1: Direct-Access IET VIRTUAL-DISK 0001 PQ: 0ANSI: 5
[1390.525331] sd 3:0:0:1: Attached scsi generic sg3 type 0
[1390.526841] sd 3:0:0:1: Power-on or device reset occurred
[1390.535916] sd 3:0:0:1: [sdb] 20971520 512-byte logical blocks: (10.7 GB/10.0 GiB)
[1390.537154] sd 3:0:0:1: [sdb] Write Protect is off
[1390.537158] sd 3:0:0:1: [sdb] Mode Sense: 69 00 10 08
[1390.537959] sd 3:0:0:1: [sdb] Write cache: enabled, read cache: enabled, supports DPO and FUA
[1390.566963] sdb:
[1390.579089] sd 3:0:0:1: [sdb] Attached SCSI disk
```

또한 생성된 장치(sdb)는 `lsblk` 명령어로도 확인할 수 있다.

```
$ lsblk --scsi
NAME HCTL TYPE VENDOR MODEL REV SERIAL TRAN
...
sdb 3:0:0:1 disk IET VIRTUAL-DISK 0001 beaf11 iscsi
```

2 파일 시스템 생성

붙은 장치에 `mkfs` 명령어를 사용해 파일 시스템을 생성한다. 이 예시에서는 파일 시스템을 ext4로 생성한다.

```
$ sudo mkfs -t ext4 /dev/sdb
mke2fs 1.46.5 (30-Dec-2021)
...
Allocating group tables: done
Writing inode tables: done
Creating journal (16384 blocks): done
Writing superblocks and filesystem accounting information: done
```

3 마운트

파일 시스템을 생성한 장치(/dev/sdb)를 마운트한다. 이 예시에서는 /mnt 디렉터리에 마운트한다.

```
$ sudo mount -t ext4 /dev/sdb /mnt
```

마운트한 장치는 df 명령어로 용량을 확인할 수 있다.

```
$ df -h
Filesystem    Size   Used   Avail   Use% Mounted on
...
/dev/sdb      9.8G   24K    9.3G     1% /mnt
```

또한 스토리지에 생성한 볼륨은 10GB인데 파일 시스템의 관리 데이터가 쓰이기 때문에 사용자가 이용할 수 있는 용량은 약간 적다. 또한 OS를 재부팅해도 자동으로 마운트되도록 /etc/fstab 파일에 다음 설정을 추가한다.

```
$ sudo vi /etc/fstab
...
/dev/sdb /mnt ext4 defaults 0 0
```

fstab의 각 열은 다음을 의미한다.

- 첫 번째 열: 장치
- 두 번째 열: 마운트할 곳
- 세 번째 열: 파일 시스템명
- 네 번째 열: 마운트 옵션
    - 이 예시에서는 defaults(기본값) 지정
    - 마운트 옵션은 ext4, mount 명령어의 기술 문서 참고
- 다섯 번째 열: dump에 의한 확인
    - 이 예시에서는 비활성(0) 지정

- dump의 자세한 내용은 dump 명령어의 기술 문서 참고
- 여섯 번째 열: fsck가 확인하는 순서
  - 이 예시에서는 비활성(0) 지정
  - 루트 디렉터리(/)는 1을 지정하고 다른 디렉터리는 2 이상 또는 0 지정 권장
    - fsck의 자세한 내용은 fsck 명령어의 기술 문서 참고

윈도우에서 블록 스토리지를 이용하는 예시

사용하는 OS는 다음과 같다.

- 윈도우 10

1 장치 인식

[관리 도구][2]의 [iSCSI 초기자]를 실행한다.

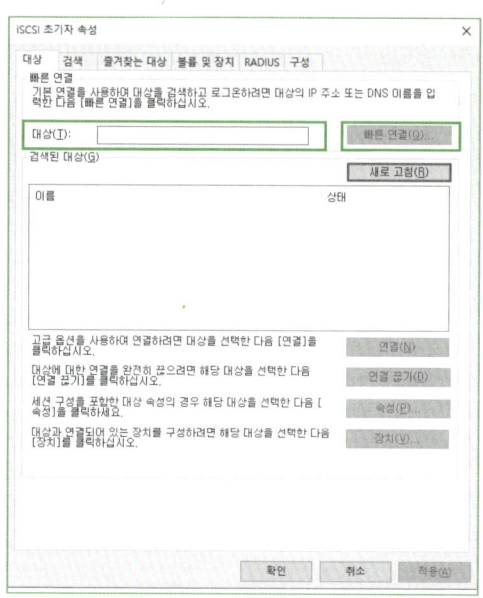

그림 3-3 iSCSI 초기자

2　[옮긴이] 현재 윈도우 11에서는 Windows Tools로 표시된다.

'빠른 연결'에 있는 '대상'에 스토리지의 타깃 포트 IP 주소(192.168.174.100)를 지정하고 [빠른 연결]을 선택한다. 스토리지가 발견되고 타깃 포트에 연결된 볼륨을 선택하면 장치에 붙이는 대화창이 표시된다. 이 예시에서는 DISK 2라는 장치에 LUN 1 볼륨을 붙인다.

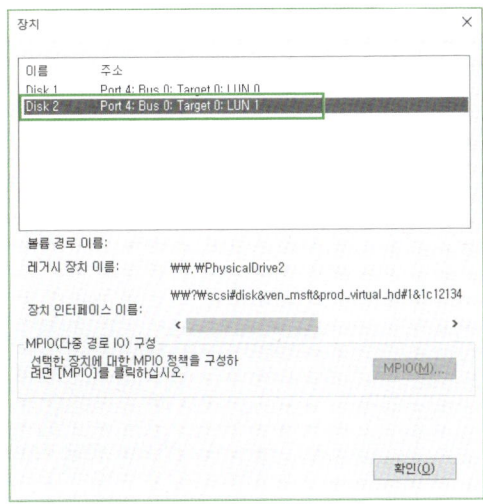

그림 3-4 iSCSI 초기자(어태치)

붙이는 데 성공하면 빠른 연결이 완료된다.

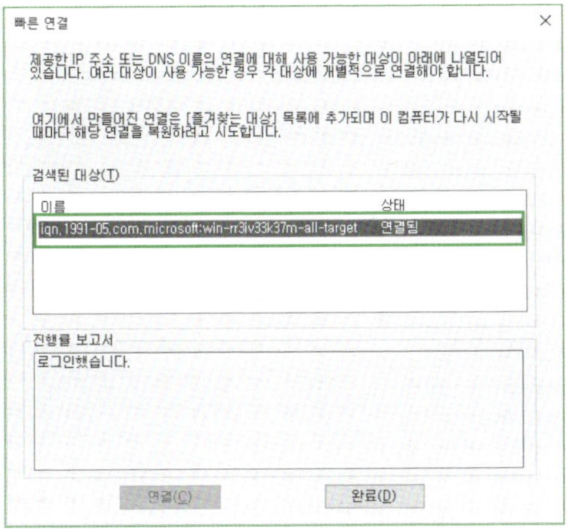

그림 3-5 iSCSI 초기자(빠른 연결 완료)

2 파일 시스템 생성 및 마운트

윈도우에서는 파일 시스템 생성과 마운트를 동시에 설정하기 때문에 한 번에 설명한다.
[컴퓨터 관리] → [저장소] → [디스크 관리]를 선택한다. 이때 '디스크 관리'에서 초기화되지 않은 디스크가 발견되면 '디스크 초기화' 대화창이 표시된다.

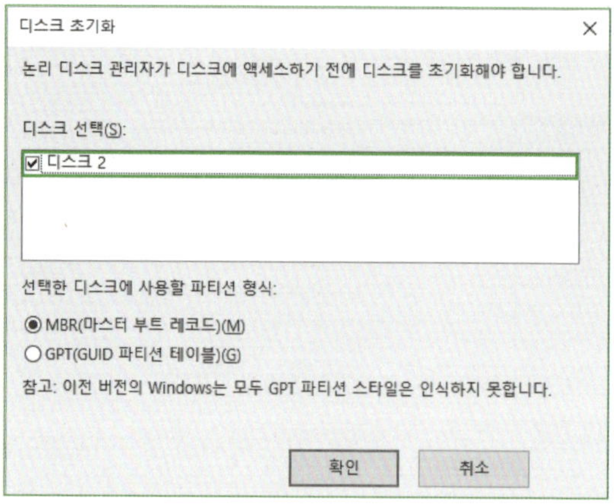

그림 3-6 디스크 관리

디스크 초기화에서 iSCSI 초기화를 통해 붙인 장치(디스크 2)를 선택해 초기화한다. 이 초기화를 통해 디스크의 파티션 정보가 기록된다. 아직 이 상태에서는 파일 시스템이 생성되지 않았기에 디스크 2는 '할당되지 않음' 상태다.

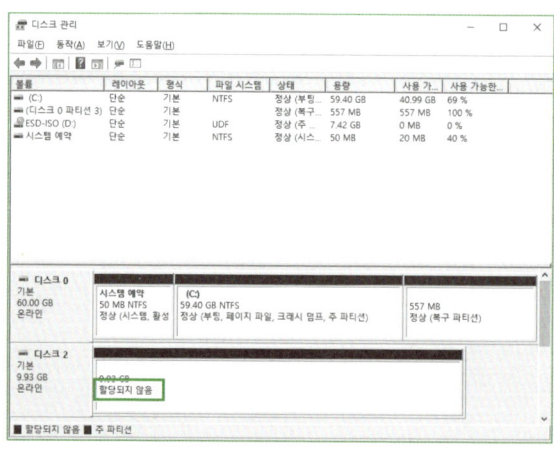

그림 3-7 할당되지 않은 상태

이 디스크 2 위에서 마우스 오른쪽 버튼을 클릭한 후 [새 단순 볼륨]을 선택한다.

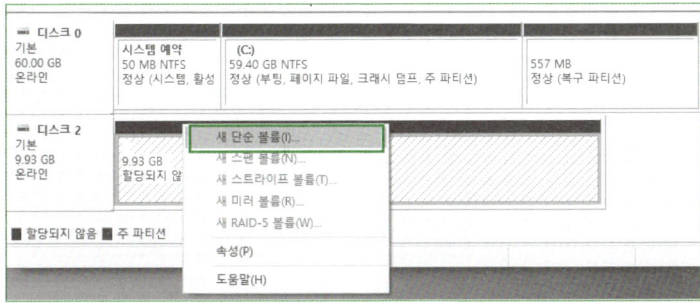

그림 3-8 새 단순 볼륨

단순 볼륨 만들기 마법사가 열린다. 메시지를 확인한 후 [다음]을 클릭한다.

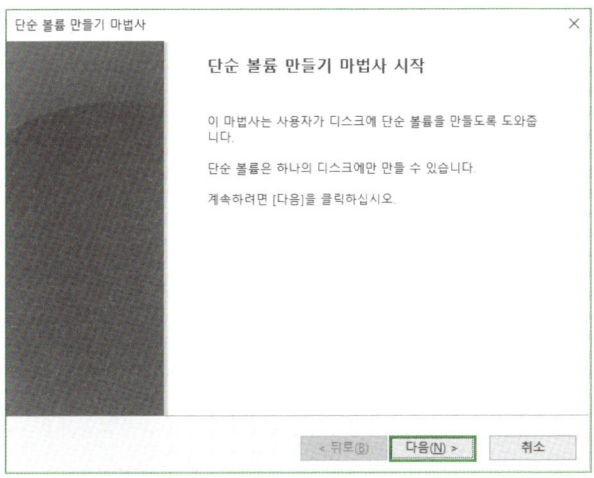

그림 3-9 단순 볼륨 만들기 마법사(시작)

'단순 볼륨 크기'에서 이용할 볼륨의 크기를 지정한다.

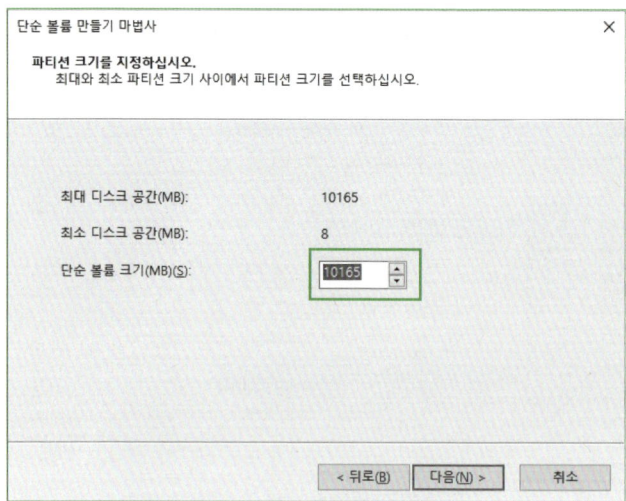

그림 3-10 단순 볼륨 만들기 마법사(볼륨 크기 지정)

다음으로 마운트할 드라이브를 지정한다.

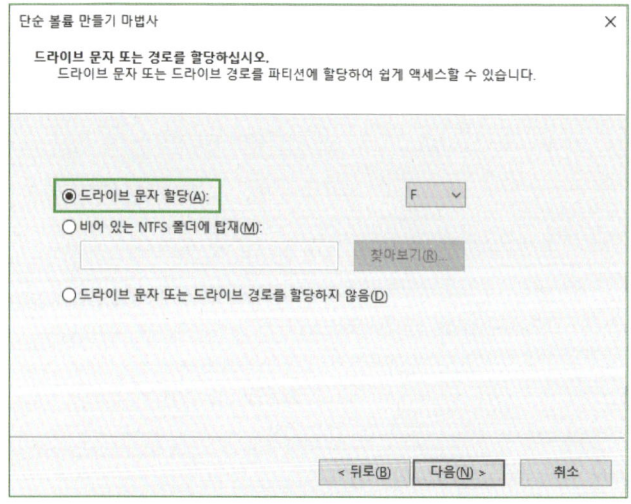

그림 3-11 단순 볼륨 만들기 마법사(드라이브 문자 할당)

포맷할 파일 시스템을 선택한다. 이 예시에서는 [NTFS]를 선택한다.

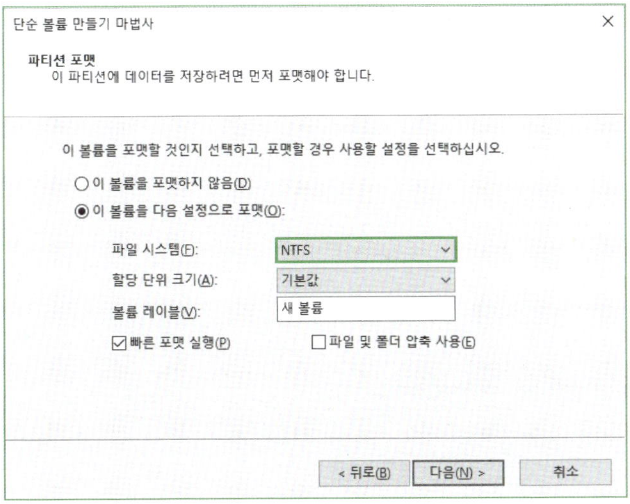

그림 3-12 단순 볼륨 만들기 마법사(파티션 포맷)

포맷과 마운트가 끝나면 마법사가 완료된다.

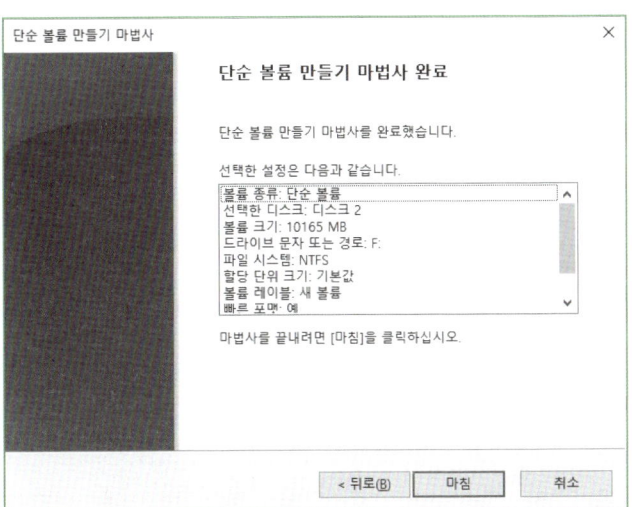

그림 3-13 단순 볼륨 마법사(완료)

디스크 관리에서 확인해보면 '디스크 2'가 NTFS로 포맷되고 F 드라이브에 마운트된 것을 알 수 있다.

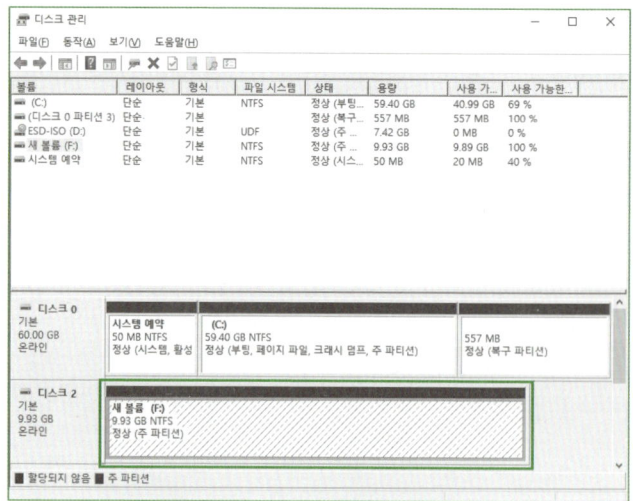

그림 3-14 할당된 상태

3.1.2 파일 스토리지(NFS, SMB) 이용 예시

파일 스토리지의 이용 예시를 소개한다. 이 예시에서는 미리 스토리지에서 해야 하는 볼륨 생성과 경로 설정 및 파일 공유 설정은 완료됐다고 가정한다. 또한 스토리지와 서버를 연결하는 네트워크도 서로 통신이 가능한 상태를 전제로 한다.

리눅스에서 파일 스토리지(NFS)를 이용하는 예시

리눅스에서 파일 공유를 할 때는 NFS를 사용한다. 사용하는 OS는 다음과 같다.

- 우분투 22.04

사전에 NFS 클라이언트를 설치해야 한다.

```
$ sudo apt-get update
$ sudo apt-get install nfs-common -y
```

1 마운트

NFS의 경우 파일 스토리지가 파일 시스템을 제공하기 때문에 장치 인식이나 파일 시스템을 생성할 필요 없이 곧바로 마운트할 수 있다. 이 예시에서는 스토리지의 IP 주소 (192.168.0.3)로 파일 공유된 디렉터리 /home을 OS의 /mnt에 마운트한다.

```
$ sudo mount -t nfs 192.168.0.3:/home /mnt
```

마운트한 디렉터리는 df 명령어로 용량을 확인할 수 있다.

```
$ df -h
Filesystem          Size  Used  Avail  Use%  Mounted on
...
192.168.0.3:/home   15G   6.6G  7.4G   48%   /mnt
```

필요에 따라 블록 스토리지와 마찬가지로 /etc/fstab에 설정을 추가하면 OS가 부팅될 때 자동으로 마운트된다.

```
$ sudo vi /etc/fstab
...
192.168.0.3:/home /mnt nfs defaults 0 0
```

윈도우에서 파일 스토리지(SMB)를 이용하는 예시

윈도우에서 파일 공유를 할 때는 SMB를 사용한다. 사용하는 OS는 다음과 같다.

- 윈도우 10

1 마운트

SMB도 NFS와 마찬가지로 곧바로 마운트를 할 수 있다. 탐색기를 열어 주소창에 스토리지의 IP 주소인 '₩192.168.174.100'을 입력한다. IP 주소 앞에 ₩ 또는 \\를 붙이면 SMB로 접근하게 된다.

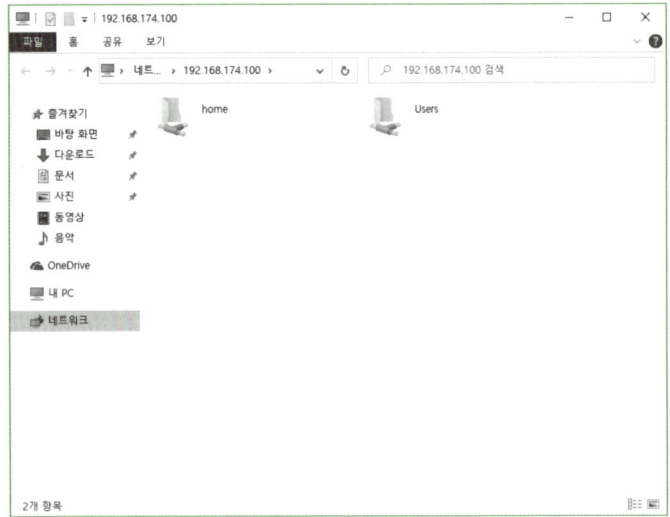

그림 3-15 파일 스토리지에 접근

액티브 디렉터리 등에 의해 스토리지와 OS의 인증 정보가 연계되지 않았을 때는 사용자 인증을 요구하기도 한다.

스토리지에 설정한 사용자명과 암호를 입력한다. 인증에 성공하면 공유한 디렉터리가 표시된다.

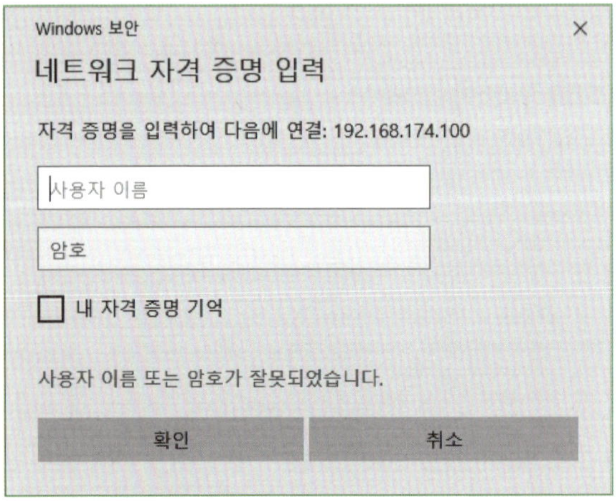

그림 3-16 사용자 인증

드라이브에 마운트(할당)할 디렉터리 위에서 마우스 오른쪽을 클릭하여 [네트워크 드라이브 연결]을 선택한다.

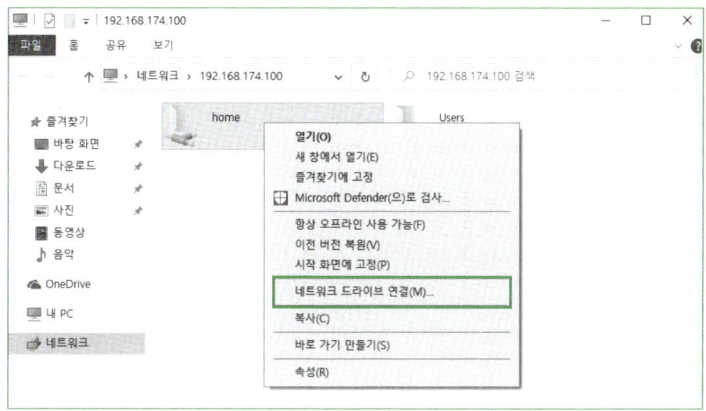

그림 3-17 드라이브에 할당 1

할당할 드라이브 문자를 지정한다.

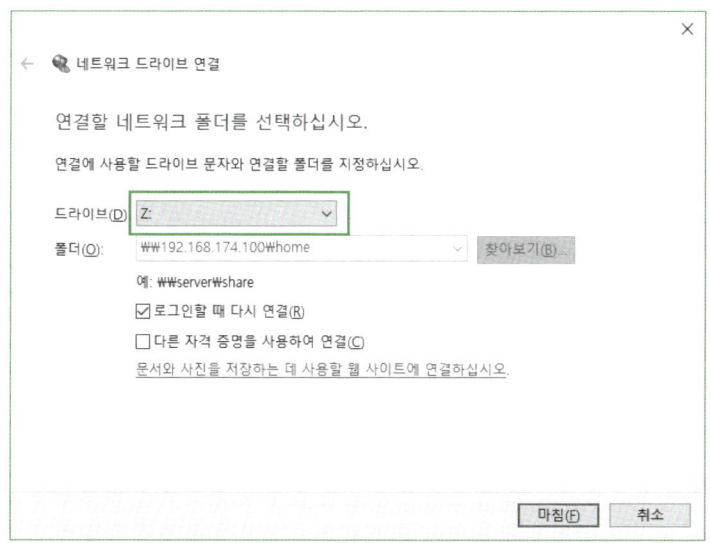

그림 3-18 드라이브에 할당 2

3.1 베어메탈 서버에서 이용하는 방법   77

탐색기를 열면 ₩192.168.174.100₩home이 Z 드라이브에 마운트된 것을 확인할 수 있다.

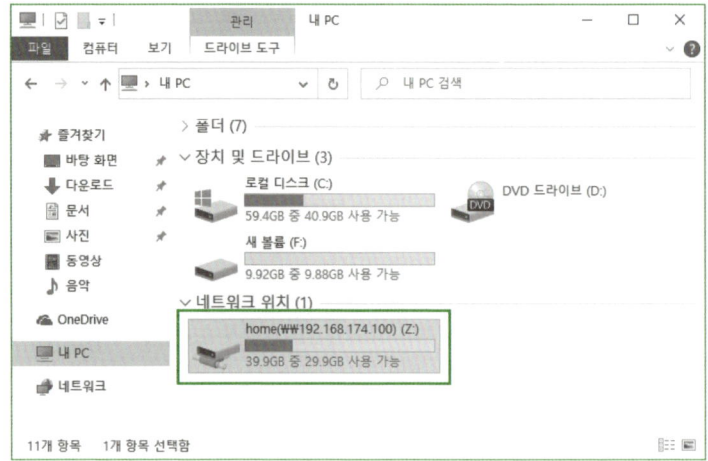

그림 3-19 드라이브에 할당 3

3.2 가상 머신에서 이용하는 방법

가상 머신virtual machine, VM의 게스트 OS에서 스토리지의 볼륨을 이용하는 방법을 설명한다. 가상 환경에서는 대부분 여러 하이퍼바이저나 가상 머신을 관리하기 위해서 **가상 머신 관리 소프트웨어**virtual machine management software를 이용한다.

대표적인 **오픈소스 소프트웨어**Open Source Software, OSS인 가상 머신 관리 소프트웨어로 **오픈스택**OpenStack이 있다. 오픈스택은 하이퍼바이저나 가상 머신뿐만 아니라 그들이 이용하는 스토리지도 관리할 수 있다. 또한 이런 가상 머신 관리 소프트웨어는 스토리지를 관리하기 때문에 스토리지에 대한 볼륨 생성이나 경로 할당 등의 기능을 제공한다.

스토리지와 가상 머신 관리 소프트웨어의 통신에는 컨트롤 플레인 API로 제조사의 독자적인 프로토콜이나 스토리지 관리 표준 인터페이스인 SMI-S 등을 이용한다. 하지만 안타깝게도 가상 머신 관리 소프트웨어에는 표준 사양이나 규격이 없으며 지원하는 스토리지 관리 기능이나 조작 방법도 각각 다르다. 또한 가상 머신 관리 소프트웨어가 제공하는 건 어디까지나 관리 부분이며 실제로 데이터를 읽고 쓰는 건 데이터 플레인 프로토콜인 iSCSI, NFS다.

이 컨트롤 플레인과 데이터 플레인의 네트워크를 독립적으로 구축하여 필요가 없는 서버나 사용자에게 공개되지 않도록 보안성을 높인다.

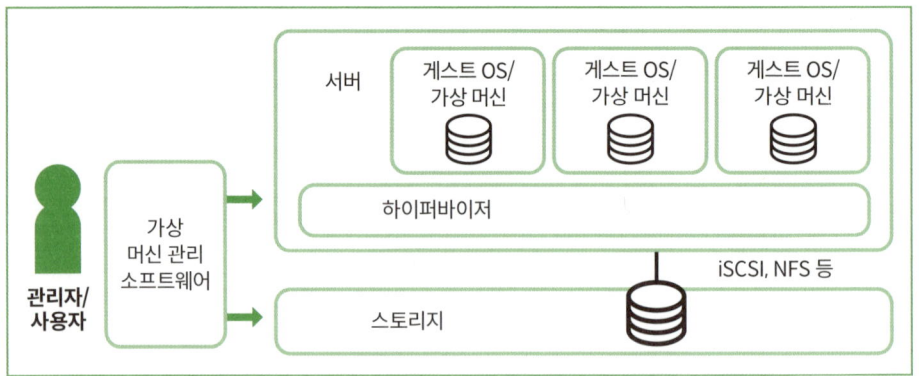

그림 3-20 가상 머신 관리 소프트웨어를 사용한 관리

또한 가상 머신 관리 소프트웨어 중에는 서버와 스토리지 사이에 있는 네트워크 기기를 설정할 수 있는 것도 있다. 만약 이용하는 가상 머신 관리 소프트웨어로 네트워크를 설정할 수 없을 때는 미리 iSCSI나 NFS를 이용할 수 있도록 **라우팅**routing이나 **조닝**zoning을 설정해야 한다.

3.2.1 패스스루 모드와 가상 디스크 모드

가상 환경에서 스토리지를 이용할 때 어떻게 가상 머신에 볼륨이 제공되는지 알아두는 건 중요하다. 가상 환경에는 패스스루 모드와 가상 디스크 모드의 두 가지 방식이 있다. 그림 3-21에 각 구성을 나타냈다.

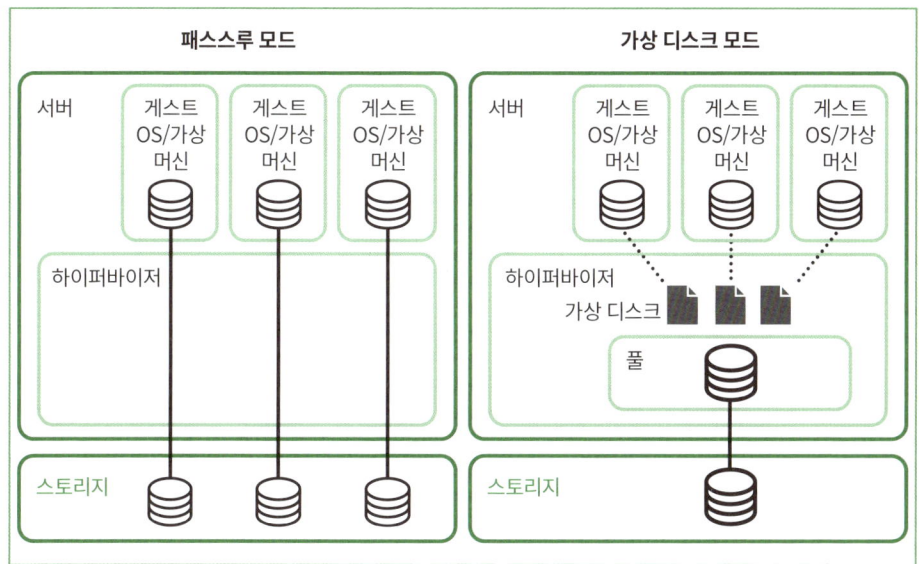

그림 3-21 패스스루 모드와 가상 디스크 모드

패스스루 모드passthrough mode는 스토리지의 볼륨을 직접 가상 머신에 할당하는 단순한 구성이다. 이 구성에서 스토리지의 볼륨은 iSCSI나 NFS 등의 프로토콜을 사용해 가상 머신의 게스트 OS에서 마운트된다. 그러므로 게스트 OS에서 기록된 데이터는 직접 스토리지 볼륨에 기록된다. 즉, I/O 성능은 스토리지 자체의 성능에 좌우된다.

이에 비해 **가상 디스크 모드**virtual disk mode는 스토리지의 볼륨을 일단 하이퍼바이저에 마운트하고 풀로 관리한다. 이 풀에 가상 디스크라는 파일이 생성되고 가상 디스크가 가상 머신에 할당된다.

이 가상 디스크는 가상 머신의 게스트 OS에서 내장 디스크처럼 보인다. 이 가상 디스크 형식으로는 VMDK, VHD 등 다양하며, 이용하는 하이퍼바이저에 따라 지원되는 형식이 다르다.

가상 디스크 모드는 적은 수의 볼륨으로 많은 가상 머신에 가상 디스크를 제공할 수 있어 집약도가 높다는 장점이 있다. 가상 디스크 모드에서 게스트 OS가 기록한 데이터는 풀의 가상 디스크 파일에 기록된다. 가상 디스크 파일에 기록된 데이터는 비동기로 스토리지에 보내진다. 이를 통해 가상 디스크 파일이 마치 캐시처럼 취급되므로 대부분 I/O 성능은 빠르다. 하지만 동일 볼륨에 여러 가상 머신의 가상 디스크 파일이 있으면 인접한 가상 머신이 성능에 간섭을 주는 노이지 네이버noisy neighbor 문제를 일으키므로 성능을 설계할 때는 주의해야 한다.

또 스토리지 입장에서는 각기 다른 가상 머신에서 발생한 I/O라도 같은 볼륨의 다른 파일에 데이터가 기록된 것처럼 보일 뿐이다. 그렇기에 여러 가상 머신에서 동시에 I/O가 발생하면 명령이 섞여서 스토리지에 도착하는 순서도 보장되지 않는다. 이 같은 I/O 명령이 섞이는 상태를 **I/O 블렌더**I/O blender라고 한다.

또한 가상 디스크 모드에서는 게스트 OS가 가상 디스크에 데이터를 기록했더라도 스토리지 볼륨에 기록되는 건 보장되지 않는다.

3.2.2 설정 흐름

가상 머신의 게스트 OS에서 볼륨을 사용할 수 있도록 대부분의 가상 머신 관리 소프트웨어가 갖춘 기능을 통해 설정 흐름을 설명한다. 패스스루 모드의 설정 흐름을 그림 3-22에 나타냈다.

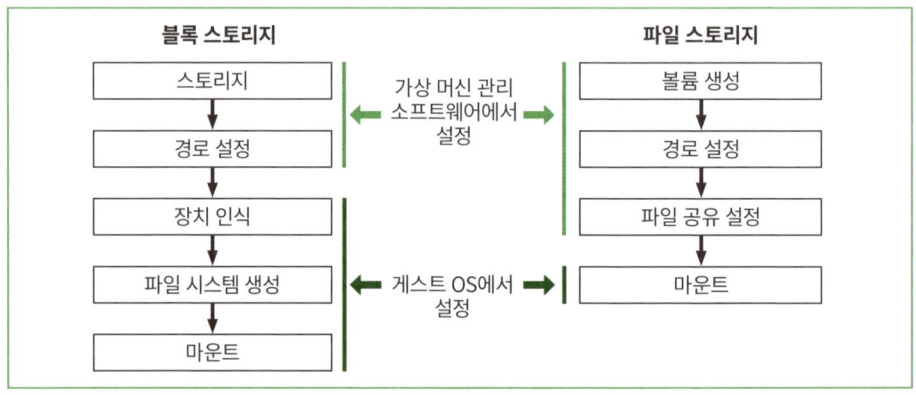

그림 3-22 패스스루 모드의 설정 흐름

우선 처음에 가상 머신 관리 소프트웨어로 스토리지에 볼륨을 생성하고 경로를 설정한다. 파일 스토리지는 대부분 파일 공유도 가상 머신 관리 소프트웨어에서 설정할 수 있다.

가상 머신 관리 소프트웨어에서 스토리지 설정이 끝났다면 게스트 OS에 로그인해서 설정한다. 게스트 OS에서의 설정은 3.1절에서 설명한 베어메탈 서버의 설정과 같다. 게스트 OS에 로그인한 뒤 블록 스토리지는 장치를 인식하고 파일 시스템을 생성해 마운트한다. 한편 파일 스토리지는 파일 공유된 볼륨을 마운트한다.

다음으로 가상 디스크 모드의 설정 흐름을 그림 3-23에 나타냈다.

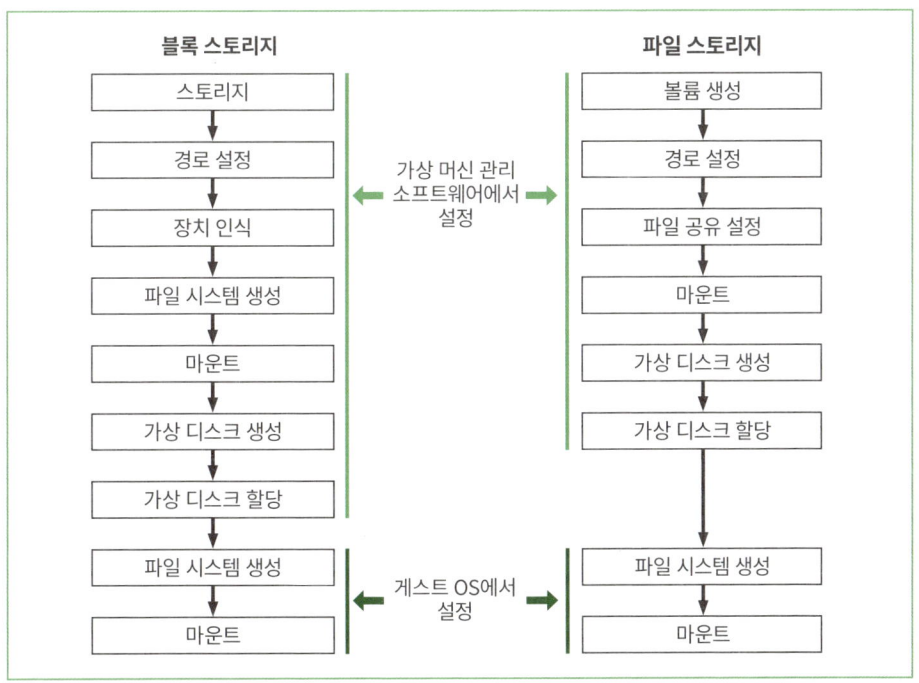

그림 3-23 가상 디스크 모드의 설정 흐름

가상 디스크 모드에서는 스토리지에 볼륨을 생성하고 하이퍼바이저 서버로 경로를 설정한다. 블록 스토리지는 하이퍼바이저에서 장치를 인식시키고 하이퍼바이저가 지정한 파일 시스템을 생성해서 마운트한다.

파일 스토리지는 파일 공유된 볼륨을 마운트한다. 이 마운트된 볼륨은 풀로 취급된다. 그리고 이 풀에 가상 디스크를 생성해 가상 머신에 할당한다.

가상 머신 관리 소프트웨어로 가상 디스크를 가상 머신에 할당하고 나면 게스트 OS에 로그인하여 설정한다. 게스트 OS에 로그인하면 장치가 내장 디스크처럼 보이기 때문에 그 장치에 파일 시스템을 생성하고 마운트함으로써 이용할 수 있게 된다.

3.2.3 오픈스택 Cinder(블록)를 사용한 볼륨 할당 예시

대표적인 오픈소스 가상 머신 관리 소프트웨어인 오픈스택의 블록 스토리지 관리 요소인 **Cinder**를 사용한 예시를 소개한다. 이 예시에서는 오픈스택으로 관리하는 하이퍼바이저로 커널 기반 가상 머신Kernel-based Virtual Machine, KVM을 이용하고, 패스스루 모드로 게스트 OS에 볼륨을 제공한다.

이 예시에서는 미리 오픈스택 Cinder나 오픈스택 명령어(openstack)의 설정이 완료됐다고 가정한다. 또한 스토리지와 서버를 연결하는 데이터 플레인 네트워크에 대해서도 서로 통신이 가능한 상태를 전제로 한다.

사용하는 오픈스택의 버전과 게스트 OS는 다음과 같다.

- 오픈스택 Victoria
- 우분투 22.04

볼륨 생성

openstack volume create 명령어를 사용해 볼륨을 생성한다. 이 명령어를 실행하면 Cinder를 통해 블록 스토리지에 볼륨이 생성된다.

```
$ openstack volume create --size 10 test-drive01
```

```
+----------------------+----------------------------------------+
| Field                | Value                                  |
+----------------------+----------------------------------------+
|attachments           |[]                                      |
|availability_zone     |nova                                    |
|bootable              |false                                   |
|consistencygroup_id   |None                                    |
|created_at            |2022-10-16T06:44:14.791055              |
|description           |None                                    |
|encrypted             |False                                   |
|id                    |4bd761f8-8739-449f-b283.76e606bd2995    |
|multiattach           |False                                   |
|name                  |test-drive01                            |
|properties            |                                        |
|replication_status    |None                                    |
|size                  |10                                      |
|snapshot_id           |None                                    |
|source_volid          |None                                    |
|status                |creating                                |
|type                  |None                                    |
|updated_at            |None                                    |
|user_id               |e8f87a1e71bed33820da806f47cdf7f4        |
+----------------------+----------------------------------------+
```

생성한 볼륨을 확인한다.

```
$ openstack volume list
+--------------------------------------+-------------+-----------+------+-------------+
|ID                                    |Name         |Status     |Size  |Attachedto   |
+--------------------------------------+-------------+-----------+------+-------------+
|4bd761f8-8739-449f-b283.76e606bd2995  |test-drive01 |available  |10    |             |
+--------------------------------------+-------------+-----------+------+-------------+
```

경로 설정과 장치 인식

Cinder는 생성한 볼륨을 가상 머신에 할당함으로써 스토리지에서의 경로 설정을 수행한다. 또 하이퍼바이저와 가상 머신의 게스트 OS에 따라서는 장치 인식도 같이 실행된다. 우선 볼륨을 할당할 가상 머신을 확인한다.

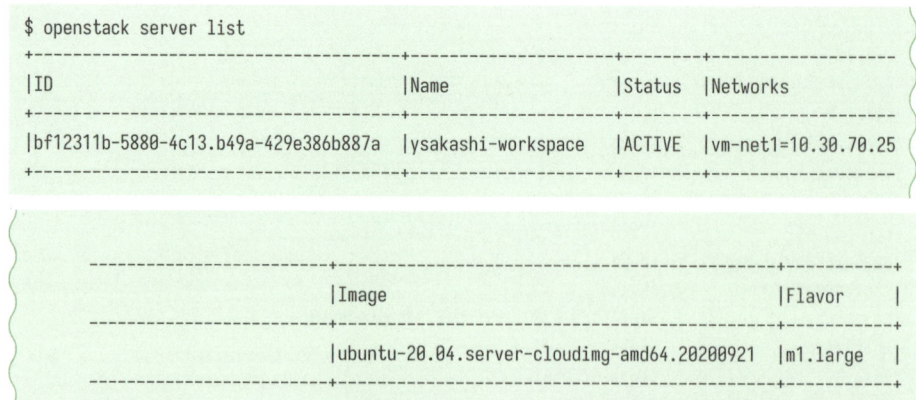

이 예시에서는 가상 머신(ysakashi-workspace)에 볼륨을 할당한다. openstack server add 명령어를 사용해 가상 머신명(ysakashi-workspace)과 볼륨명(test-drive01)을 지정해 할당한다.

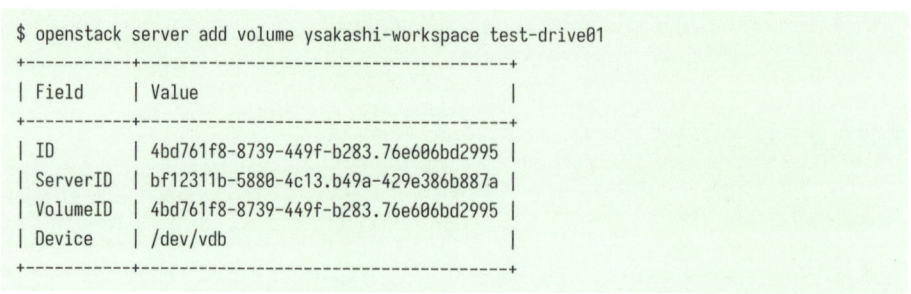

가상 머신에 볼륨의 할당이 완료되고 장치 인식도 성공하면 Device 필드에 게스트 OS에서 인식되는 장치명(/dev/vdb)이 반환된다. 여기까지가 오픈스택 Cinder를 사용한 설정이다.

파일 시스템 생성

지금부터는 게스트 OS에 ssh로 로그인하여 설정한다. 이후의 설정은 3.1.1절에서 설명한 베어메탈 서버의 설정과 동일하다. 또한 Cinder 설정에서 장치가 인식되지 않으면 게스트 OS에 로그인해서 베어메탈 서버와 같은 방법으로 미리 장치를 인식시킨다.

ssh 명령어로 게스트 OS(ysakashi-workspace)에 로그인해 `lsblk` 명령어로 장치 (/dev/vdb)가 인식됐는지 확인한다.

```
$ ssh ubuntu@ysakashi-workspace
...
ubuntu@ysakashi-workspace:~$ lsblk
NAME MAJ:MIN RM SIZE RO TYPE MOUNTPOINT
...
vdb  252:16   0  10G  0 disk
```

확인된 장치에 `mkfs` 명령어를 사용해 파일 시스템을 생성한다. 이 예시에서는 파일 시스템으로 `ext4`를 생성한다.

```
ubuntu@ysakashi-workspace:~$ sudo mkfs -t ext4 /dev/vdb
mke2fs 1.46.5 (30-Dec-2021)
...
Allocating group tables: done
Writing inode tables: done
Creating journal (16384blocks): done
Writing superblocks and filesystem accounting information: done
```

마운트

파일 시스템이 생성된 장치(/dev/vdb)를 마운트한다. 이 예시에서는 /mnt 디렉터리에 마운트한다.

```
ubuntu@ysakashi-workspace:~$ sudo mount -t ext4 /dev/vdb /mnt
```

마운트된 장치는 `df` 명령어로 용량을 확인할 수 있다.

```
ubuntu@ysakashi-workspace:~$ df -h
Filesystem    Size Used Avail Use% Mounted on
...
/dev/vdb      9.8G 24K  9.3G  1%  /mnt
```

필요에 따라 베어메탈 서버와 마찬가지로 /etc/fstab에 설정을 추가한다.

3.2.4 오픈스택 Manila를 사용한 볼륨 할당 예시

대표적인 오픈소스 가상 머신 관리 소프트웨어인 오픈스택의 파일 스토리지 관리 요소인 **Manila**를 사용한 예시를 소개한다. 이 예시에서는 파일 스토리지에 NFS 파일 공유 볼륨을 생성하고 가상 머신의 게스트 OS에 할당하는 흐름을 설명한다.

또한 이 예시에서는 오픈스택으로 관리하는 하이퍼바이저로 KVM을 이용하고, 패스스루 모드로 게스트 OS에 볼륨을 제공한다. 마찬가지로 미리 오픈스택 Manila나 오픈스택 명령어(manila)의 설정이 완료됐다고 가정하며, 스토리지와 서버를 연결하는 데이터 플레인 네트워크(NFS의 I/O가 흐르는)에 대해서도 서로 통신이 가능한 상태를 전제로 한다.

사용하는 오픈스택의 버전과 게스트 OS는 다음과 같다.

- 오픈스택 Victoria
- 우분투 22.04

볼륨 생성, 경로 및 파일 공유 설정

`manila create` 명령어를 사용해 파일 공유 볼륨을 생성한다. 이 명령어를 실행하면 Manila를 통해 파일 스토리지에 볼륨 생성과 경로가 설정되며 추가로 NFS 파일 공유 설정도 이루어진다.

```
$ manila create nfs 10 --name testNFS
+--------------------+--------------------------------------+
|Property            |Value                                 |
+--------------------+--------------------------------------+
|status              |creating                              |
|description         |None                                  |
|availability_zone   |nova                                  |
|share_network_id    |None                                  |
```

```
|share_server_id    |None                                    |
|host               |None                                    |
|snapshot_id        |None                                    |
|is_public          |False                                   |
|snapshot_support   |False                                   |
|id                 |33ad2ba1-217a-4f49-a1a0-49a43fb142e8    |
|size               |10                                      |
|name               |testNFS                                 |
|share_type         |447732be-4cf2-42b0-83dc-4b6f4ed5368d    |
|created_at         |2022-10-16T10:16:27.289721              |
|share_proto        |NFS                                     |
|project_id         |2d5dbca38da786e9aa5660376df1316a        |
|metadata           |{}                                      |
+-------------------+----------------------------------------+
```

또한 특정 네트워크에만 파일 공유를 하고 싶다면 --share-network 옵션을 지정해 실행한다. 이제 생성한 파일 공유 볼륨을 확인한다.

```
$ manila list
+--------------------------------------+---------+----+----------+---------+--------+
|ID                                    |Name     |Size|ShareProto|Status   |IsPublic|
+--------------------------------------+---------+----+----------+---------+--------+
|33ad2ba1-217a-4f49-a1a0-49a43fb142e8  |testNFS  |10  |NFS       |available|False   |
+--------------------------------------+---------+----+----------+---------+--------+

+-------------+---------------------------+----------------+
|ShareTypeName|Host                       |AvailabilityZone|
+-------------+---------------------------+----------------+
|default      |manila101@cdotSingleSVM#aggr1|nova          |
+-------------+---------------------------+----------------+
```

생성한 파일 공유 볼륨의 경로를 확인한다.

```
$ manila share-export-location-list 33ad2ba1-217a-4f49-a1a0-49a43fb142e8 \
--columns Path,Preferred
+--------------------------------------------------------------+---------+
|Path                                                          |Preferred|
+--------------------------------------------------------------+---------+
|192.168.10.110:/share_a1112eb7_9e3a_4a0f_a335_3e1e1abcc3e2    |False    |
+--------------------------------------------------------------+---------+
```

여기까지가 오픈스택 Manila를 사용한 설정이다.

마운트

지금부터는 게스트 OS에 ssh로 로그인하여 설정한다. 이후의 설정은 3.1.1절에서 설명한 베어메탈 서버의 설정과 동일하다.

Manila를 통해 제공된 파일 공유 볼륨의 경로(192.168.10.110:/share_a1112eb7_9e3a_4a0f_a335_3e1e1abcc3e2)를 게스트 OS의 /mnt에 마운트한다.

```
$ sudo mount -t nfs 192.168.10.110:/share_a1112eb7_9e3a_4a0f_a335_3e1e1abcc3e2 /mnt
```

마운트된 디렉터리는 `df- h` 명령어로 용량을 확인할 수 있다.

```
$ df -h
Filesystem                                              Size Used Avail Use% Mounted on
...
192.168.10.110:/share_a1112eb7_9e3a_4a0f_a335_3e1e1abcc3e2 9.8G  37M  9.3G   1% /mnt
```

필요에 따라서 베어메탈 서버와 마찬가지로 /etc/fstab에 설정을 추가한다.

CHAPTER 4
컨테이너/ 쿠버네티스에서의 사용 방법

이번 장에서는 스토리지 이용자를 대상으로 컨테이너 쿠버네티스에서의 스토리지 이용 방법을 설명한다. 가상 머신용 스토리지와는 달리 컨테이너용 스토리지에서는 스토리지 관리의 표준 사양인 CSI를 이용할 수 있다. 이 CSI를 중심으로 컨테이너 오케스트레이션의 대표격인 쿠버네티스의 관리 모델과 기능을 설명한다.

4.1 컨테이너와 쿠버네티스

웹 서비스를 비롯한 많은 서비스와 애플리케이션은 접속자의 증가에 따라 그 규모를 유연하게 조절할 수 있어야 한다. 그러므로 서비스나 애플리케이션을 작동시키는 컴퓨터·네트워크·스토리지로 구성된 인프라스트럭처(앞으로 인프라라고 한다)의 자원을 유연하면서도 신속히 할당할 수 있어야 한다.

이 인프라 자원의 할당을 유연하게 해주는 기술로 가상 머신과 컨테이너가 있다. 가상 머신이나 컨테이너를 사용해 독립된 애플리케이션 환경을 생성함으로써 특정 애플리케이션의 성능을 간단히 증감시킬 수 있다.

가상 머신과 컨테이너의 구조 차이를 그림 4-1에 나타냈다.

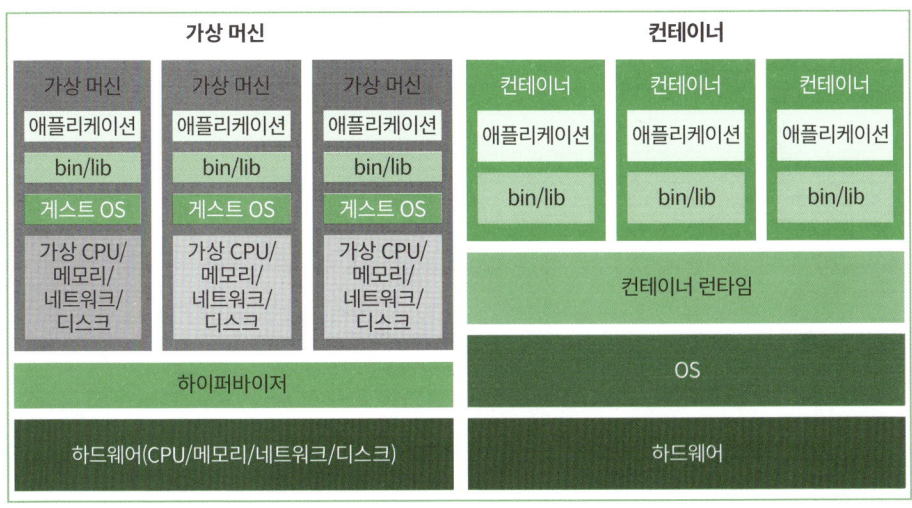

그림 4-1 가상 머신과 컨테이너

가상 머신의 경우 CPU나 메모리를 **에뮬레이트**emulate하는 가상 머신을 생성하고 거기에 OS와 애플리케이션을 설치한다. 그래서 애플리케이션을 증감시킬 때 가상 머신을 신규로 생성하고 삭제해야 한다.

이에 비해 컨테이너의 경우 호스트 OS의 CPU나 메모리를 컨테이너마다 할당하고 컨테이너 이미지를 불러와 실행함으로써 애플리케이션을 증감시킨다. 즉, 단순히 호스트 OS의 CPU나 메모리를 분할하는 것이며, 가상 머신처럼 이 자원들을 에뮬레이트하지 않는다. 그렇기에 애플리케이션의 증감 시간은 가상 머신보다 컨테이너가 더 빠르다.

또한 애플리케이션의 컨테이너화가 진행되면 관리할 컨테이너 수가 늘어난다. 그렇게 늘어난 컨테이너를 관리하는 방식이 **컨테이너 오케스트레이션**Container Orchestration이다.

대표적인 컨테이너 오케스트레이션으로 **쿠버네티스**Kubernetes[1]가 있다. 쿠버네티스는 구글이 개발하고 운영했던 Borg를 기반으로 개발돼 오픈소스 애플리케이션으로 공개됐다.

그림 4-2에 쿠버네티스의 구성을 나타냈다.

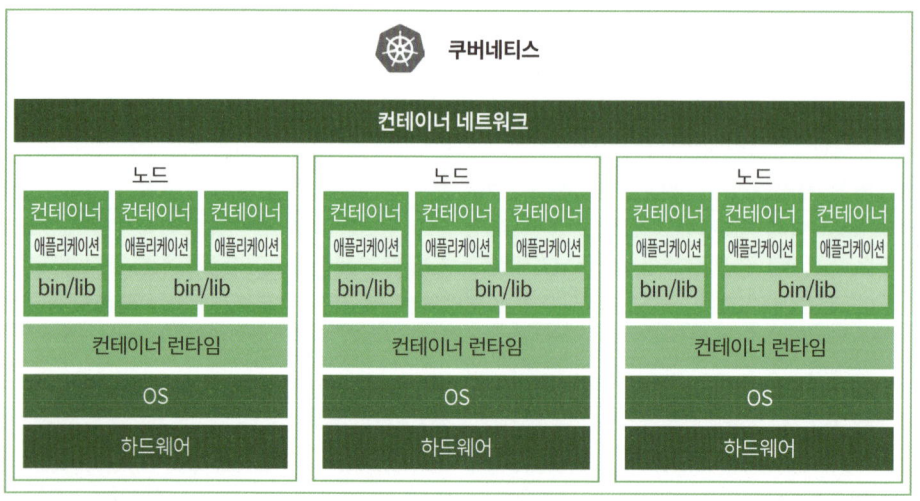

그림 4-2 **쿠버네티스**

---

[1] [옮긴이] K8s라고 줄이기도 하는데 이는 K와 s 사이에 8글자가 있어서 그렇다.

쿠버네티스는 컨테이너의 실행 기반인 컨테이너 런타임을 갖는 서버(노드)를 관리하며 노드상에서 실행 중인 컨테이너를 관리한다.

쿠버네티스의 대표적인 기능 중 하나로 **자가치유**self-healing 기능이 있다. 자가치유 기능은 노드에 장애가 발생하거나 자원 부족으로 인해 컨테이너에 장애가 발생했을 때 애플리케이션의 성능이 저하되지 않도록 다른 노드상에서 해당 컨테이너를 자동으로 복구해준다.

이처럼 쿠버네티스는 대량의 컨테이너를 관리하기 위한 강력한 기능을 여럿 갖추고 있다. 또한 쿠버네티스는 컨테이너 런타임Container Runtime, 컨테이너 네트워크Container Network, 컨테이너 스토리지Container Storage를 위해 다음 세 가지 인터페이스를 갖추고 있다.

- 컨테이너 런타임 인터페이스Container Runtime Interface, CRI
- 컨테이너 네트워크 인터페이스Container Network Interface, CNI
- 컨테이너 스토리지 인터페이스Container Storage Interface, CSI

이 인터페이스들에 기반을 둔 사양의 컨테이너 런타임, 컨테이너 네트워크, 컨테이너 스토리지라면 쿠버네티스는 자유롭게 선택하고 이용할 수 있다.

4.2 컨테이너 스토리지 인터페이스

쿠버네티스의 **컨테이너 스토리지 인터페이스**Container Storage Interface, CSI는 v1.9(2017년)부터 알파 버전으로 지원이 시작돼 v1.13(2018년)에서 정식 지원이 결정됐다.

v1.8까지 스토리지 관련 기능은 쿠버네티스의 소스 코드에 직접 삽입돼 제공됐었다. 그렇기에 스토리지 제조사는 쿠버네티스의 소스코드를 삽입해야 할뿐더러 릴리스 시점도 맞춰야 했다. v1.9부터는 CSI를 지원하게 돼 스토리지 제조사가 자체적으로 구현할 수 있고, 원하는 시점에 릴리스할 수 있게 됐다.

이 CSI는 쿠버네티스 전용이 아닌 아파치 메소스Apache Mesos, 클라우드 파운드리Cloud Foundry 등 다른 컨테이너 오케스트레이션에서도 채택한 표준 사양의 인터페이스다. 사양은 CSI 커뮤니티[2]에서 제정한다.

CSI를 더 자세히 살펴보자. 우선 CSI는 read/write 가능한 데이터를 송수신하는 인터페이스가 아니라 스토리지의 볼륨을 생성하고 삭제하는 관리 인터페이스다.

그림 4-3에 쿠버네티스의 CSI 구조를 나타냈다.

---

[2] https://github.com/container-storage-interface/community

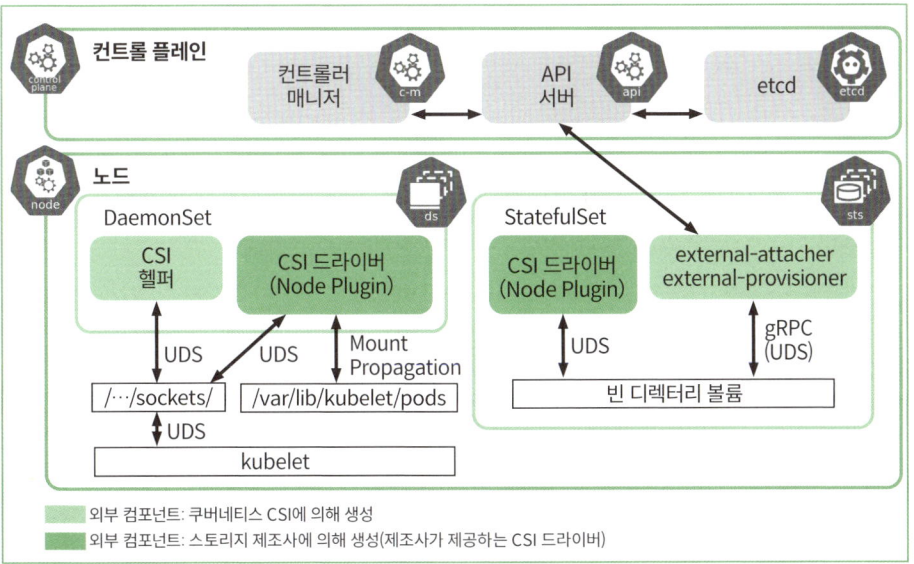

그림 4-3 CSI의 구조

쿠버네티스는 API 서버가 클라이언트로부터 접수한 스토리지 관련 요청을 받으면 CSI 사양에 따라 개발된 프로그램을 호출한다.

그림의 external-attacher, external-provisioner 등의 프로그램은 쿠버네티스 CSI 커뮤니티[3]에서 개발했다. 이 프로그램들이 스토리지 제조사나 커뮤니티가 제공하는 **CSI 드라이버**CSI Driver(Controller Plugin)와 통신한다. 그리고 이 CSI 드라이버가 스토리지와 통신해서 볼륨 생성 등의 명령을 내린다.

생성된 볼륨은 CSI 드라이버(Node Plugin)를 통해 장치 인식, 파일 시스템 생성, 마운트 등을 통해 컨테이너에서 이용할 수 있게 된다. CSI 드라이버(Node Plugin)를 지원하는 프로그램으로 CSI 헬퍼CSI Helper(총칭)가 있다. 대표적인 CSI 헬퍼로 볼륨의 상태를 모니터링하는 프로그램 등이 있다.

---

3   https://github.com/kubernetes-csi

다음으로 그림 4-4에 CSI에서의 볼륨의 상태 변화를 설명한다.

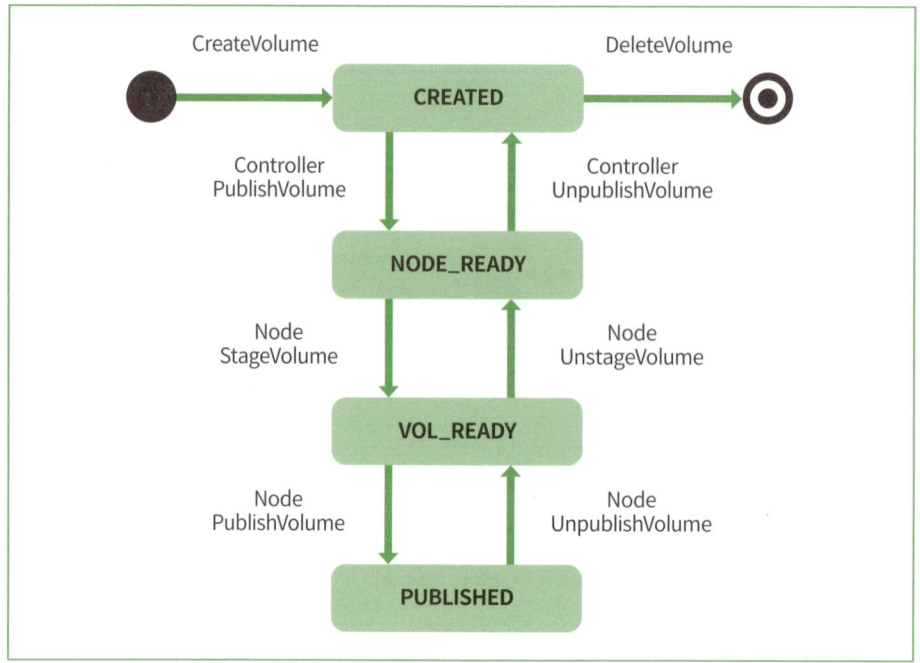

그림 4-4 CSI 볼륨의 상태 변화

우선 볼륨의 생성 명령인 CreateVolume이 호출되면 CREATED 상태로 변경된다. 그 후 NODE_READY, VOL_READY, PUBLISHED 상태가 된다. PUBLISHED 상태가 컨테이너에서 이용 가능한 상태다.

또한 각각의 상태로 만들기 위한 명령 중 접두어로 Controller가 부여된 명령은 CSI 드라이버(Controller Plugin)에서 실행되며, 접두어로 Node가 부여된 명령은 CSI 드라이버(Node Plugin)에서 실행된다. CSI의 인터페이스로 정의되는 이 명령들로 어떤 처리를 할지는 CSI 드라이버를 개발하는 제조사나 커뮤니티에 달려 있다.

이 명령들의 구현 예시를 간략히 소개한다. 우선 ControllerPublishVolume으로 스토리지에 볼륨 생성 명령을 지시한다. 그다음 NodeStageVolume으로 iSCSI 로그인 등을 하여 장치를 인식시켜 파일 시스템을 생성하고 NodePublishVolume으로 마운트한다.

이처럼 CSI에는 단순히 스토리지에 볼륨을 생성하는 것만이 아닌 노드에서 장치를 인식시키는 것부터 컨테이너에 마운트하는 일련의 작업이 정의돼 있다. 그렇기에 이용자는 베어메탈 서버나 가상 머신에서 볼륨을 이용할 때 필요한 장치 인식, 파일 시스템 생성, 마운트 등의 조작을 몰라도 이용할 수 있다.

4.3 쿠버네티스의 스토리지 모델

쿠버네티스는 추상화한 모델을 통해 스토리지를 이용한다. 쿠버네티스의 기본 모델에는 다음 세 가지 자원이 있다.

- PersistentVolumeClaim(PVC)
- PersistentVolume(PV)
- StorageClass(SC)

PVC는 사용자가 볼륨을 생성할 때의 요청 사항을 나타내는 자원이다. 컨테이너를 관리하는 자원인 **파드**pod에 PVC를 할당함으로써 컨테이너에 볼륨을 마운트한다.

PV는 볼륨을 나타내는 자원이다. SC는 볼륨을 생성할 때 쓰는 스토리지 또는 스토리지상의 스토리지 풀을 나타내는 자원이다. 이 SC에 앞 절에서 설명한 CSI 드라이버의 정보가 설정돼 있다.

4.3.1 자원의 범위와 권한

여기서는 자원의 범위와 권한을 설명한다. 쿠버네티스는 **네임스페이스**namespace를 통해 배포할 곳의 논리 공간을 나눌 수 있다. 또한 사용자마다 네임스페이스의 권한을 부여함으로써 멀티 테넌트multitenant 구성을 설정할 수 있다. 이 같은 환경에서는 자원의 범위와 권한이 중요해진다.

그림 4-5에 자원의 범위와 권한을 나타냈다.

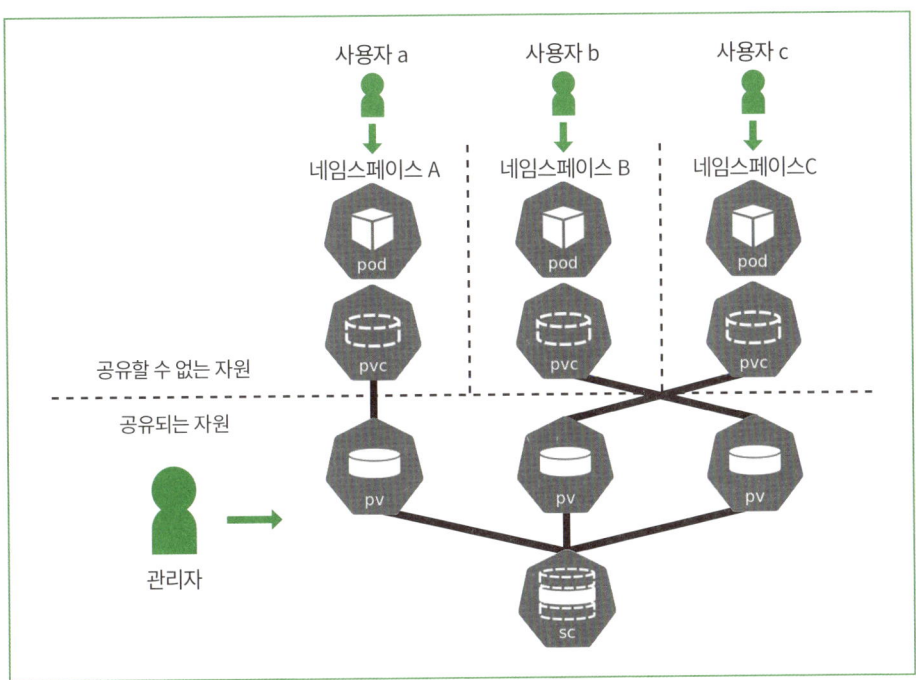

그림 4-5 자원의 범위와 권한

쿠버네티스에는 관리자와 사용자의 역할을 고려한 스토리지 모델이 설계돼 있다.

- 관리자만 생성 및 삭제할 수 있는 자원: PV, SC
- 사용자가 생성 및 삭제할 수 있는 자원: PVC

PV, SC는 모든 네임스페이스에서 **공유되는 자원**cluster wide resource이다. 이 두 가지 자원은 **관리자**cluster admin의 권한으로만 생성하고 삭제할 수 있다. 이에 비해 PVC는 네임스페이스 간에 **공유할 수 없는 자원**namespaced resource이다. 각 네임스페이스에 대해 조작 권한을 가진 사용자만 생성과 삭제를 할 수 있다.

이러한 권한은 외부 스토리지에 대한 권한과도 연관이 있다. 외부 스토리지에 볼륨 생성 등의 명령을 내리는 CSI 드라이버가 스토리지에 접근할 때는 공용 사용자를 이용한다. 즉, 쿠버네티스상에 여러 사용자를 만들어도 스토리지로 접근할 때는 공용 사용자를 이용한다. 그러므로 스토리지와 직접 연관이 있는 PV, SC는 쿠버네티스 전체를 관리하는 관리자의 권한으로만 조작할 수 있다.

4.3.2 접근 모드

PVC, PV에는 파드의 접근 허가를 설정하는 매개변수로 접근 모드$_{access\ mode}$가 있다. 이 접근 모드는 `.spec.accessModes`로 다음 세 가지 모드를 지정할 수 있다.

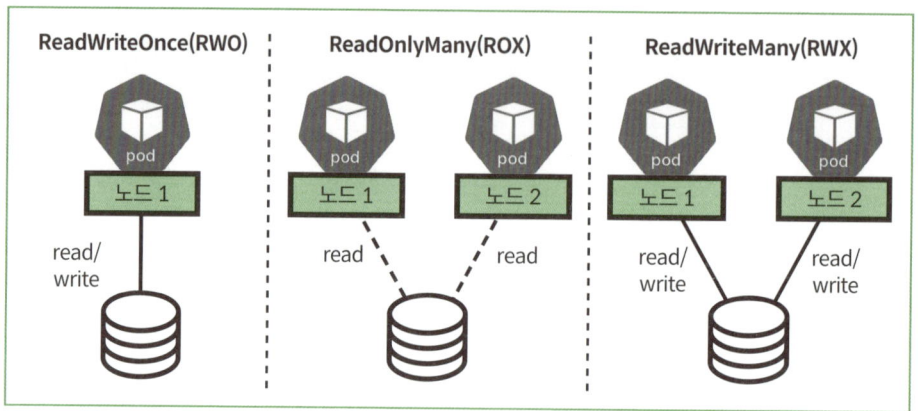

그림 4-6 접근 모드

- ReadWriteOnce(RWO)
    - 하나의 노드에서 read/write로 마운트한다.
    - 주로 블록 스토리지를 이용할 때 이용한다.
- ReadOnlyMany(ROX)
    - 여러 노드에서 Read Only로 마운트한다.
    - Write를 원하지 않는 데이터를 저장한 볼륨을 이용할 때 이용한다.
- ReadWriteMany(RWX)
    - 여러 노드에서 read/write로 마운트한다.
    - 주로 파일 공유를 목적으로 하는 파일 스토리지를 이용할 때 이용한다.

ReadWriteMany는 여러 노드가 동시에 같은 파일에 쓰기가 가능하다. 그래서 파일 록 기능이 없는 스토리지의 경우 여러 파드가 같은 파일에 데이터를 쓸 수 있게 돼 데이터가 손실될 가능성이 있다.

또한 접근 모드 중 어떤 모드를 지원하는지는 CSI 드라이버에 따라 다르다.

> **TIP**
> 쿠버네티스 v1.22에서는 새로운 기능인 접근 모드의 ReadWriteOncePod(RWOP)가 알파 기능으로 등록됐다.

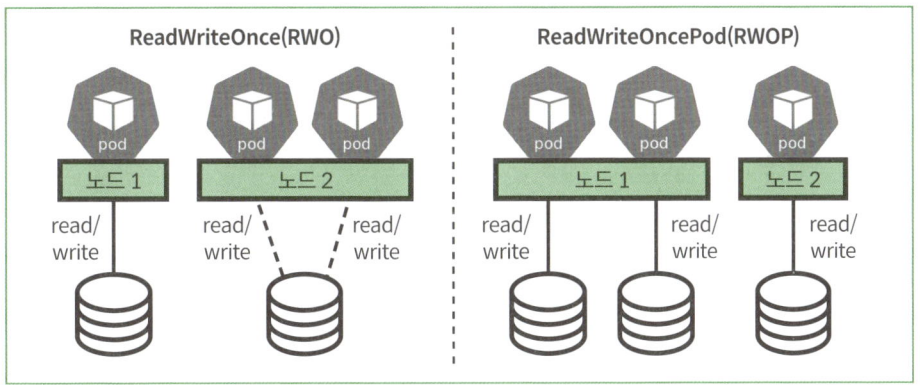

그림 4-7 ReadWriteOncePod

- ReadWriteOncePod(RWOP)
    - 하나의 파드에서 read/write로 마운트한다.
    - 주로 블록 스토리지를 이용할 때 이용한다.

ReadWriteOncePod는 정식으로 지원되는 ReadWriteOnce와 비슷하지만 접근 허가가 노드 단위가 아닌 파드 단위라는 점이 크게 다르다. ReadWriteOnce는 노드 단위로 접근을 허가하여 같은 노드상의 파드라면 Read/Write를 통해 볼륨에 접근할 수 있다. 그래서 의도치 않게 동시에 같은 파일로 쓰기가 이루어져 데이터가 손실될 가능성이 있다.

새롭게 등장한 ReadWriteOncePod는 파드 단위로 접근을 관리하므로 하나의 볼륨에 대해 하나의 파드만 Write를 할 수 있다. 즉, 같은 노드상에 여러 파드가 존재하더라도 하나의 파드에서만 쓰기가 발생하므로 데이터의 손실을 피할 수 있다.

4.3.3 반환 정책

PVC를 삭제했을 때 PV도 함께 삭제할지를 설정하는 매개변수로 반환 정책reclaim policy이 있다. 반환 정책에서는 SC의 `.spec.reclaimPolicy`로 다음 세 가지의 정책을 지정할 수 있다.

- Retain(보존): PVC를 삭제해도 PV는 삭제하지 않고 남긴다.
- Recycle(재활용/권장하지 않음): PVC를 삭제했을 때 PV상의 데이터만을 삭제한다. PV 자체는 삭제되지 않는다.
- Delete(삭제): PVC를 삭제했을 때 자동으로 PV도 삭제한다.

이 반환 정책으로 Delete를 지정함으로써 사용하지 않게 된 PV가 자동으로 삭제되기 때문에 PV의 관리 부하를 절감할 수 있다. 또한 SC에 설정된 반환 정책은 그 SC를 사용해 생성된 PV에 전파돼 기본값으로 설정된다. 만약 특정 PV의 설정을 바꾸고 싶다면 PV의 `.spec.reclaimPolicy`를 개별적으로 변경한다.

4.4 파드에 볼륨 할당

쿠버네티스에서 파드로 볼륨을 제공하는 방법은 Manual Volume Provisioning과 Dynamic Volume Provisioning의 두 가지가 있다. 그림 4-8에 각각의 흐름을 나타냈다.

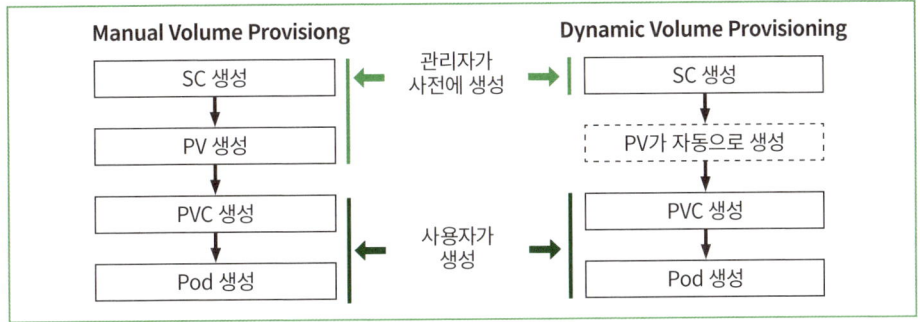

그림 4-8 볼륨의 프로비저닝 방법

Manual Volume Provisioning은 관리자가 미리 SC와 PV를 생성하는데, 스토리지에 따라서는 SC가 필요 없다. 그리고 PV 생성에 의해 스토리지에 대응하는 볼륨이 생성된다.

다음으로 사용자가 PVC를 생성하면 사전에 생성된 PV 중에서 PVC에 의해 정의된 요건과 일치하는 PV를 자동으로 선출하여 PVC와 연동한다. 그 후 PVC를 이용하는 파드를 생성하면 파드가 배치된 노드에서 PV에 대응하는 볼륨이 연결돼 파드 안의 컨테이너에 마운트된다.

이에 비해 **Dynamic Volume Provisioning**은 관리자가 PV를 생성할 필요가 없어 SC만 미리 생성한다.

사용자가 PVC를 생성하면 PVC에 지정된 SC의 매개변수를 사용해 PV가 자동 생성되고 PVC와 연동된다. 그 후 Manual Volume Provisioning과 마찬가지로 파드를 생성하면 컨테이너에 볼륨이 마운트된다.

이처럼 Dynamic Volume Provisioning은 관리자가 PV를 미리 생성하지 않아도 사용자가 자유롭게 생성할 수 있기 때문에 관리자의 작업 부담이 낮다. 관리자는 PV 생성에 쓰이는 SC에 연동된 스토리지 풀의 남은 용량을 모니터링한다. 한편 특정 PV에만 특별한 설정을 하려면 Manual Volume Provisioning을 이용해야 한다.

다음은 Dynamic Volume Provisioning으로 파드에 볼륨을 할당하는 예시다. 사전에 SC(standard)는 관리자에 의해 생성돼 있다고 가정한다.

PVC의 Manifest(pvc1.yaml)를 생성한다.

pvc1.yaml

```
apiVersion: v1
kind: PersistentVolumeClaim
metadata:
  name: pvc1
spec:
  storageClassName: standard # SC명
  accessModes:
    - ReadWriteOnce
  resources:
    requests:
      storage: 10Gi # 생성할 볼륨의 크기
```

생성한 PVC의 Manifest(pvc1.yaml)를 배포해 PVC를 생성한다.

```
$ kubectl apply -f pvc1.yaml
persistentvolumeclaim/pvc1 created
```

생성된 PVC/PV를 확인한다.

```
$ kubectl get pvc,pv
NAME                                STATUS   VOLUME
persistentvolumeclaim/pvc1          Bound    pvc-59339129-63b7-4efd-8f85.34184115c2ef

NAME                                                              CAPACITY  ACCESS
persistentvolume/pvc-59339129-63b7-4efd-8f85.34184115c2ef         10Gi      RWO

       CAPACITY    ACCESS MODES    STORAGECLASS    AGE
       10Gi        RWO             standard        18s

  MODES    RECLAIM POLICY    STATUS    CLAIM          STORAGECLASS    REASON    AGE
           Delete            Bound     default/pvc1   standard                  6s
```

다음으로는 생성한 PVC/PV를 사용해 파드 내의 컨테이너에 볼륨을 마운트하고, 파드의 Manifest(pod1.yaml)를 생성한다.

pod1.yaml

```yaml
apiVersion: v1
kind: Pod
metadata:
  labels:
    run: test
  name: test
spec:
  containers:
  - image: ubuntu:22.04
    name: test
    command:
    - sleep
    - infinity
    volumeMounts:
    - name: data
      mountPath: /mnt/data # 마운트할 경로
  volumes:
  - name: data
```

4.4 파드에 볼륨 할당

```
    persistentVolumeClaim:
      claimName: pvc1 # PVC명
```

생성한 파드의 Manifest(pod1.yaml)를 배포해 파드를 생성한다.

```
$ kubectl apply -f pod1.yaml
pod/test created
```

생성한 파드를 확인한다.

```
$ kubectl get pod
NAME   READY   STATUS    RESTARTS   AGE
test   1/1     Running   0          81s
```

파드로 접속해 컨테이너에 스토리지 볼륨이 마운트됐는지 확인한다.

```
$ kubectl exec -ti test -- /bin/sh

# mount |grep /mnt/data
/dev/sda on /mnt/data type ext4 (rw,relatime,discard,stripe=16)

# df -h
Filesystem      Size  Used Avail Use% Mounted on
overlay          39G  5.6G   34G  15% /
tmpfs            64M     0   64M   0% /dev
tmpfs           2.0G     0  2.0G   0% /sys/fs/cgroup
/dev/sda        9.8G   24K  9.3G   1% /mnt/data
/dev/vda1        39G  5.6G   34G  15% /etc/hosts
shm              64M     0   64M   0% /dev/shm
tmpfs           3.8G   12K  3.8G   1% /run/secrets/kubernetes.io/serviceaccount
tmpfs           2.0G     0  2.0G   0% /proc/acpi
tmpfs           2.0G     0  2.0G   0% /proc/scsi
tmpfs           2.0G     0  2.0G   0% /sys/firmware
```

장치(/dev/sda)에 파일 시스템(ext4)이 생성돼 /mnt/data에 마운트됐음을 확인했다.

또한 파드에 할당된 PVC/PV를 삭제할 때는 먼저 파드를 삭제해야 한다. 쿠버네티스는 파드에서 이용되지 않는 상태인 PVC/PV만 삭제할 수 있도록 보호돼 있다. 또한 PVC를 삭제하면서 연동된 PV를 동시에 삭제할지 말지는 4.3.3절에서 설명한 반환 정책으로 지정한다. PVC를 삭제할 때 연동된 PV를 동시에 삭제하고 싶다면 Delete를 지정하고, 그렇지 않다면 Retain을 지정한다.

4.5 CSI로 이용할 수 있는 쿠버네티스 스토리지 기능

쿠버네티스의 스토리지 기능은 CSI로 제공된다. CSI로 이용할 수 있는 쿠버네티스의 주요 스토리지 기능을 다음 표에 나타냈다. 또한 이용하는 CSI 드라이버에 따라 지원되는 기능이 다르므로 주의해야 한다.

표 4-1 CSI로 이용할 수 있는 쿠버네티스의 주요 스토리지 기능

명칭	상태	내용
Volume Expansion	베타	볼륨의 용량 확장
Raw Block Volume	정식	파일 시스템으로 포맷하지 않은 볼륨
Volume Cloning	정식	볼륨의 복제본
Volume Snapshot&Restore	베타	스냅숏과 복제
Topology	정식	토폴로지 지정
Generic Ephemeral Inline Volumes	정식	임시 볼륨(영속화되지 않는 볼륨)

※ '상태' 항목은 2022년 12월 기준

4.5.1 Volume Expansion

Volume Expansion은 PVC/PV 크기를 확장하는 기능이다. 이 기능은 PV에 대응하는 스토리지의 볼륨뿐만 아니라 파일 시스템에서 이용할 수 있는 크기도 동시에 확장한다.

이 기능을 이용하려면 SC의 `allowVolumeExpansion` 값이 `True`여야 한다. 우선 Manifest 파일(pvc1.yaml)을 사용해 크기가 10Gi인 PVC와 그 PVC에 연동된 PV가 생성되었다고 가정한다.

```
$ kubectl get pvc,pv
NAME                             STATUS   VOLUME                                        CAPACITY
persistentvolumeclaim/pvc1       Bound    pvc-47684219-b153.4d72-98d1-944a4b117492       10Gi

NAME                                                          CAPACITY   ACCESS MODES
persistentvolume/pvc-47684219-b153.4d72-98d1-944a4b117492      10Gi       RWO


              ACCESS MODES    STORAGECLASS    AGE
              RWO             standard        7s

              RECLAIM POLICY    STATUS    CLAIM            STORAGECLASS    REASON    AGE
              Delete            Bound     default/pvc1     standard                  5s
```

처음 생성했을 때 10Gi이라는 용량으로도 충분했던 PVC/PV도 계속해서 이용하면 용량이 부족해진다. 그럴 때는 PVC로 지정한 크기인 `.spec.resources.requests.storage`를 변경한다.

변경 후의 pvc1.yaml

```
apiVersion: v1
kind: PersistentVolumeClaim
metadata:
  name: pvc1
spec:
  storageClassName: standard
  accessModes:
    - ReadWriteOnce
  resources:
    requests:
      storage: 15Gi # 변경된 크기
```

다음에 Volume Expansion의 실행 예시를 나타냈다.

```
$ kubectl apply -f pvc1.yaml
persistentvolumeclaim/pvc1 configured

$ kubectl get pvc,pv
NAME                             STATUS   VOLUME                                        CAPACITY
persistentvolumeclaim/pvc1       Bound    pvc-47684219-b153.4d72-98d1-944a4b117492       15Gi
```

4.5 CSI로 이용할 수 있는 쿠버네티스 스토리지 기능

```
NAME                                                        CAPACITY  ACCESS MODES
persistentvolume/pvc-47684219-b153.4d72-98d1-944a4b117492    15Gi      RWO

               ACCESS MODES   STORAGECLASS   AGE
               RWO            standard       14m

         RECLAIM POLICY    STATUS    CLAIM           STORAGECLASS    REASON    AGE
         Delete            Bound     default/pvc1    standard                  14m
```

또한 원래 크기보다 작은 값으로 변경하는 건 지원되지 않는다. Volume Expansion에는 파드에 마운트한 상태에서 확장할 수 있는 온라인 방식과 파드를 일단 삭제해야 하는 오프라인 방식이 있다. 무엇을 지원하는지는 이용하는 스토리지와 CSI 드라이버에 따라 다르므로 기술 문서를 참고한다.

4.5.2 Raw Block Volume

Raw Block Volume은 포맷을 통해 파일 시스템을 생성하지 않는 볼륨을 제공하는 기능이다. 일부 데이터베이스 등 독자적인 파일 시스템을 채택한 애플리케이션을 이용할 때 Raw Block Volume을 사용한다.

독자적인 파일 시스템은 저널 로그 등에 의해 I/O 성능을 떨어뜨리지 않게 하는 등 다양한 이유로 이용한다. 또한 SSD나 NVMe의 진화에 따라 기존의 파일 시스템(XFS, ext4 등)을 거치지 않고 I/O를 처리하는 기술도 나왔다. 이러한 기술을 사용하면 I/O 성능을 튜닝하는 목적으로도 Raw Block Volume을 이용할 수 있다.

Raw Block Volume의 이용 사례를 살펴보자. 이 기능을 이용하려면 PVC의 `.spec.volumeMode`에 `Block`을 지정한다. 다음은 Raw Block Volume PVC의 Manifests(raw-pvc.yaml) 예시다.

raw-pvc.yaml

```yaml
apiVersion: v1
kind: PersistentVolumeClaim
metadata:
  name: raw-pvc
spec:
  volumeMode: Block
  storageClassName: standard
  accessModes:
    - ReadWriteOnce
  resources:
    requests:
      storage: 10Gi
```

PVC의 Manifest(raw-pvc.yaml)를 배포해 PVC/PV의 생성을 확인한다.

```
$ kubectl apply -f raw-pvc.yaml
persistentvolumeclaim/raw-pvc created

$ kubectl get pvc,pv
NAME                             STATUS   VOLUME
persistentvolumeclaim/raw-pvc    Bound    pvc-b53ad36d-bcaf-4ef7-9a33.b87a1596b25f

NAME                                                         CAPACITY   ACCESS MODES
persistentvolume/pvc-b53ad36d-bcaf-4ef7-9a33.b87a1596b25f    10Gi       RWO


     CAPACITY   ACCESS MODES    STORAGECLASS    AGE
     10Gi       RWO             standard        67s

         RECLAIM POLICY   STATUS   CLAIM             STORAGECLASS   REASON   AGE
         Delete           Bound    default/raw-pvc   standard                65s
```

Raw Block Volume의 경우 파일 시스템이 생성되지 않기 때문에 파드 안의 컨테이너에서 직접 마운트할 수 없다. 그래서 파드의 `.spec.containers.volumeDevices`에 의해 장치를 지정한다. 다음은 파드의 Manifest(raw-pod.yaml) 예시다.

raw-pod.yaml

```yaml
apiVersion: v1
kind: Pod
metadata:
  name: test
spec:
  containers:
  - image: ubuntu:22.04
    name: test
    command:
    - sleep
    - infinity
    volumeDevices: # Raw Blcok Volume을 붙일 장치
    - name: raw
      devicePath: /dev/block
  volumes:
  - name: raw
    persistentVolumeClaim:
      claimName: raw-pvc # Raw Block Volume의 PVC명
```

파드의 Manifest(raw-pod.yaml)를 배포해 파드의 부팅을 확인한다.

```
$ kubectl get pod
NAME   READY   STATUS    RESTARTS   AGE
test   1/1     Running   0          2m22s
```

파드에 접속해 장치를 확인한다.

```
$ kubectl exec -ti test -- /bin/sh
# ls -l /dev/block
brw-rw---- 1 root disk 253, 0 Dec 3 10:02 /dev/block
```

Raw Block Volume이 장치(/dev/block)에 붙었다. 생성된 이 장치에 독자적인 파일 시스템 등을 생성해서 이용한다.

4.5.3 Volume Cloning

Volume Cloning은 PV의 복제본을 생성하는 기능이다. PVC의 `.spec.dataSource`에 원본 PVC를 지정해서 복제본을 생성한다.

다음은 PVC(pvc1)를 복제해서 생성되는 PVC(pvc2)의 Manifest(pvc2.yaml) 예시다.

pvc2.yaml

```yaml
apiVersion: v1
kind: PersistentVolumeClaim
metadata:
  name: pvc2
spec:
  storageClassName: standard
  accessModes:
    - ReadWriteOnce
  resources:
    requests:
      storage: 10Gi
  dataSource: # 원본 PVC
    kind: PersistentVolumeClaim
    name: pvc1
```

이 Manifest(pvc2.yaml)를 배포하면 PVC(pvc1)를 복제한 PVC(pvc2)가 생성된다.

Volume Cloning의 장점은 스토리지의 복제 기능을 사용해 쿠버네티스 노드의 CPU/메모리/네트워크의 부하를 줄일 수 있다는 것이다. 큰 데이터가 저장된 볼륨의 복제본을 생성하고 싶을 때 편리하다.

주의점은 원본 PVC(pvc1)보다 큰 크기를 복제본 PVC(pvc2)에 지정해야 한다.

4.5.4 Volume Snapshot & Restore

Volume Snapshot은 실행한 시점의 데이터를 저장하는 스냅숏 기능이며 스토리지가 갖추고 있다. **Restore**를 통해 스냅숏으로부터 데이터를 복원한다.

Volume Snapshot은 새로운 세 가지 자원에 의해 모델화됐다.

- `VolumeSnapshot`: 스냅숏의 요청 사양
- `VolumeSnapshotContent`: 스냅숏의 콘텐츠(차분 데이터)
- `VolumeSnapshotClass`: 스냅숏용 스토리지 풀(`VolumeSnapshotContent`를 생성할 때 사용)

또한 `VolumeSnapshotClass`는 SC와 마찬가지로 관리자가 미리 생성해둬야 한다. 사용자가 `VolumeSnapshot`을 생성하면 `VolumeSnapshotClass`로부터 `VolumeSnapshotContent`가 자동으로 생성된다. `VolumeSnapshotContent`는 스토리지의 스냅숏에 의해 생성되는 차분 데이터를 나타낸다. 즉, `VolumeSnapshotContent`가 생성됐다는 건 스토리지에 스냅숏이 만들어졌음을 의미한다.

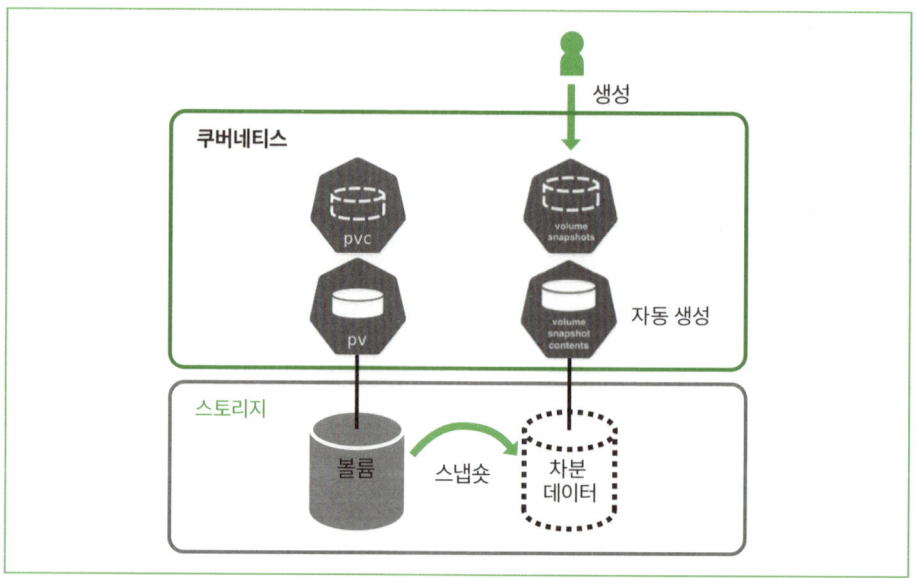

그림 4-9 Volume Snapshot

다음에 PVC(`pvc1`)의 스냅숏을 생성하는 예시를 나타냈다. 관리자가 미리 `Volume SnapshotClass`를 생성해뒀다고 가정한다.

```
$ kubectl get volumesnapshotclass
NAME           DRIVER         DELETIONPOLICY   AGE
csi-snapshot   csi.xxx.xxx    Delete           432d
```

다음으로 사용자가 PVC(pvc1)의 스냅숏 생성을 요구하는 VolumeSnapshot의 Manifest (volumesnapshot.yaml)를 생성한다.

volumesnapshot.yaml

```
apiVersion: snapshot.storage.k8s.io/v1
kind: VolumeSnapshot
metadata:
  name: snapshot-pvc1-20221204
spec:
  volumeSnapshotClassName: csi-snapshot # VolumeSnapshotClass명
  source:
    persistentVolumeClaimName: pvc1 # 스냅숏의 대상이 될 PVC
```

VolumeSnapshot의 Manifest(volumesnapshot.yaml)를 배포해 스냅숏을 실행한다.

```
$ kubectl apply -f volumesnapshot.yaml
volumesnapshot.snapshot.storage.k8s.io/snapshot-pvc1-20221204 created
```

VolumeSnapshot 자원이 생성되면 스토리지에서 스냅숏이 실행된 후 VolumeSnapshot Content가 자동 생성된다.

```
$ kubectl get volumesnapshot
NAME                     READYTOUSE   SOURCEPVC   SOURCESNAPSHOTCONTENT   RESTORESIZE
snapshot-pvc1-20221204   true         pvc1                                10Gi

$ kubectl get volumesnapshotcontent
NAME                                                      READYTOUSE   RESTORESIZE   DELETIONPOLICY
snapcontent-da2c0cca-1e0b-4699-a2d2-c876a13562cd          true         10737418240   Delete

SNAPSHOTCLASS   SNAPSHOTCONTENT                                             CREATIONTIME   AGE
csi-snapshot    snapcontent-da2c0cca-1e0b-4699-a2d2-c876a13562cd            37s            38s
```

```
DRIVER         VOLUMESNAPSHOTCLASS   VOLUMESNAPSHOT              VOLUMESNAPSHOTNAMESPACE   AGE
csi.xxx.xxx    csi-snapshot          snapshot-pvc1-20221204      default                   46s
```

`VolumeSnapshotContent`의 `READYTOUSE`가 `true`이면 스토리지에 스냅숏이 생성돼 복원 가능한 상태라는 의미다. 또한 `RESTORESIZE`는 복원할 때의 크기를 나타낸다.

이를 통해 스냅숏의 생성이 완료됐다. 이어서 생성한 스냅숏으로부터 복원하는 예시를 살펴보자. 복원할 때는 생성한 `VolumeSnapshot`을 지정해 새로운 PVC를 생성한다. 다음은 복원에 이용할 PVC의 Manifest(restore.yaml)다.

restore.yaml

```yaml
apiVersion: v1
kind: PersistentVolumeClaim
metadata:
  name: pvc-from-snapshot
spec:
  storageClassName: standard
  accessModes:
    - ReadWriteOnce
  resources:
    requests:
      storage: 10737418240 # VolumeSnapshotContents의 RESTORESIZE에서 표시된 크기
  dataSource: # 복원 대상인 VolumeSnapshots 자원
    apiGroup: snapshot.storage.k8s.io
    kind: VolumeSnapshot
    name: snapshot-pvc1-20221204
```

복원용 PVC의 Manifest(restore.yaml)를 배포해서 복원을 실행한다.

```
$ kubectl apply -f restore.yaml
persistentvolumeclaim/pvc-from-snapshot created
```

복원에 성공하면 지정한 `VolumeSnapshot`의 데이터를 복원한 PVC/PC가 생성된다.

```
$ kubectl get pvc,pv
NAME                                         STATUS   VOLUME
persistentvolumeclaim/pvc-from-snapshot      Bound    pvc-f2123498-e05b-4dc8-bf1d-fd419ad85423
persistentvolumeclaim/pvc1                   Bound    pvc-43b8890c-5a80-43d9-8b72-0658805445bf

NAME                                                        CAPACITY    ACCESS MODES
persistentvolume/pvc-43b8890c-5a80-43d9-8b72-0658805445bf   10Gi        RWO
persistentvolume/pvc-f2123498-e05b-4dc8-bf1d-fd419ad85423   10Gi        RWO

       CAPACITY     ACCESS MODES     STORAGECLASS     AGE
       10Gi         RWO              standard         3m15s
       10Gi         RWO              standard         20m

    RECLAIM POLICY    STATUS    CLAIM                       STORAGECLASS    REASON    AGE
    Delete            Bound     default/pvc1                standard                  20m
    Delete            Bound     default/pvc-from-snapshot   standard                  3m4
```

VolumeSnapshot은 스토리지의 스냅숏을 호출하기 때문에 실제로 갱신된 데이터의 차분만 저장돼 소비하는 용량을 줄인 백업이 가능하다. 단, 스토리지에 따라서는 원본 볼륨(PV)이 삭제되면 복원할 수 없게 되기도 한다. 한편 스냅숏이 생성돼 있다면 PV가 삭제돼도 스토리지에서는 대상 볼륨을 지우지 않고 복원 가능한 스토리지도 있다.

이처럼 복원 조건은 사용하는 스토리지마다 다르므로 반드시 사전에 확인한다.

4.5.5 Topology

쿠버네티스 v1.18에서는 **Pod Topology Spread Constraints 기능**이 도입됐다. 이를 통해 AZ availability zone[4]를 고려한 파드의 분산 배치가 가능해졌다.

하지만 아무리 AZ를 의식해 파드를 분산 배치하더라도 PV의 실체인 스토리지의 볼륨이 AZ를 고려해 분산 배치되지 않았다면 의미가 없다.

---

[4] 전원이나 공조 등에 장애가 발생해도 서비스를 계속할 수 있도록 설계된 구간을 의미한다.

그림 4-10의 왼쪽에는 스토리지의 AZ를 고려하지 않은 경우, 오른쪽에는 AZ를 고려한 경우를 나타냈다.

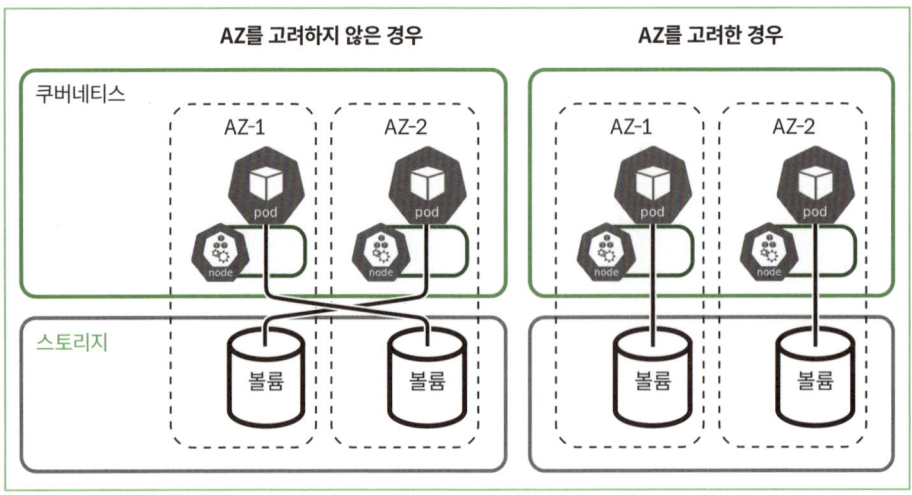

그림 4-10 **Topology**

스토리지의 AZ를 고려하지 않고 볼륨을 생성하면 어느 AZ에 생성될지 모른다. 예를 들면, AZ-1의 파드가 AZ-2의 볼륨을 마운트하게 될 수도 있다. 이때 AZ-2에 장애가 발생하면 원래는 장애 영향을 받지 않을 AZ-1의 파드도 볼륨에 접근할 수 없게 돼 시스템이 정지된다.

이런 사태를 막기 위해서 Topology 기능을 사용하면 그림 4-10의 오른쪽처럼 PV에 의해 생성되는 볼륨도 AZ를 고려해서 생성된다. 이 기능은 볼륨이 생성되는 AZ 정보를 SC에 설정하여 구현한다. 스토리지는 볼륨을 생성할 때 CSI 드라이버로부터 전달받은 AZ 정보를 사용해 AZ를 고려한 위치에 볼륨을 생성한다. 다음은 AZ를 지정한 SC의 Manifest(az-sc.yaml) 예시다.

az-sc.yaml

```
apiVersion: storage.k8s.io/v1
kind: StorageClass
```

```
metadata:
  name: az-1-standard
parameters:
  fsType: ext4
provisioner: standard
reclaimPolicy: Delete
allowVolumeExpansion: true
volumeBindingMode: WaitForFirstConsumer
allowedTopologies: # 생성을 허가할 AZ를 지정
- matchLabelExpressions:
  - key: topology.kubernetes.io/zone
    values:
    - az-1
```

이 예시에서는 allowedTopologies에 허가할 토폴로지로 topology.kubernetes.io/zone의 az-1을 지정했다. 이 topology.kubernetes.io/zone은 쿠버네티스가 노드에 부여하는 레이블이다. 즉, 파드가 topology.kubernetes.io/zone: az-1의 노드에 배치될 때 이 SC를 이용함으로써 같은 AZ(az-1)에 볼륨이 생성된다. 이처럼 Topology 기능을 통해 볼륨이 생성될 AZ를 지정할 수 있다.

하지만 AZ를 고려할 때 Topology 기능을 사용하지 않아도 될 때가 있다. 예를 들면, 대부분의 스토리지는 장애 대책으로 스토리지 서버 간 미러 기능 등을 갖추고 있다. 이를 사용해 AZ 장애에 대비하고 있다면 굳이 Topology 기능을 사용할 필요가 없다. 이용하는 스토리지의 환경이나 구성을 확인하고서 필요에 따라 Topology 기능을 이용한다.

4.5.6 Generic Ephemeral Inline Volumes

Generic Ephemeral Inline Volumes는 임시(영속화되지 않는) 볼륨을 제공하는 기능이다. 보통 PVC/PV에서는 파드가 삭제돼도 PVC/PV는 삭제되지 않고 남는다. 이에 비해 Generic Ephemeral Inline Volumes는 파드가 삭제되면 PVC/PV도 함께 삭제된다. 파드의 수명 주기에 따라 일시적으로 사용되는 데이터 저장소로 볼륨이 필요할 때 이용할 수 있다.

Generic Ephemeral Inline Volumes는 보통 PVC/PV와 마찬가지로 CSI 사양에 따라 만들어졌다. 그러므로 CSI 드라이버가 갖춘 스토리지 기능(Volume Snapshot 등)도 사용할 수 있다.

다음은 Generic Ephemeral Inline Volumes의 예시다. Generic Ephemeral Inline Volumes는 'Inline'이라는 단어가 들어간 것처럼 파드 내의 PVC 템플릿 정의를 포함해 지정한다. 파드의 Manifest(ephemeral-vol-pod.yaml)를 살펴보자.

ephemeral-vol-pod.yaml

```yaml
apiVersion: v1
kind: Pod
metadata:
  name: ephemeral-test
spec:
  containers:
  - image: ubuntu:22.04
    name: ephemeral-test
    command:
    - sleep
    - infinity
    volumeMounts:
    - name: data
      mountPath: /mnt/data
  volumes:
  - name: data
    ephemeral: # Ephemeral Inline Volume 정의
      volumeClaimTemplate: # 자동 생성되는 PVC 템플릿
        spec:
          accessModes: [ "ReadWriteOnce" ]
          storageClassName: standard
          resources:
            requests:
              storage: 10Gi
```

Generic Ephemeral Inline Volumes의 정의인 `.spec.volumes.ephemeral` 아래의 파드를 생성할 때 자동 생성되는 PVC의 템플릿을 지정하고 이 파드의 Manifest(ephemeral-vol-pod.yaml)를 배포한다.

```
$ kubectl apply -f ephemeral-vol-pod.yaml
pod/ephemeral-test created
```

생성된 파드/PVC/PV를 확인한다.

```
NAME                                              READY   STATUS    RESTARTS   AGE
pod/ephemeral-test                                1/1     Running   0          5m16s

NAME                                              STATUS   VOLUME
persistentvolumeclaim/ephemeral-test-data         Bound    pvc-267093a4.0d63.4ed9-9f0b-d02256b618d8

NAME                                                            CAPACITY   ACCESS MODES
persistentvolume/pvc-267093a4.0d63.4ed9-9f0b-d02256b618d8        10Gi       RWO


         CAPACITY    ACCESS MODES    STORAGECLASS    AGE
         10Gi        RWO             standard        5m15s

RECLAIM POLICY    STATUS    CLAIM                            STORAGECLASS    REASO    AGE
Delete            Bound     default/ephemeral-test-data      standard                 5m13s
```

Manifest에 정의된 volumeClaimTemplate에 따라서 PVC가 자동 생성된 후 PV가 자동 생성된다. 다음으로 이 파드(ephemeral-test)를 삭제한다.

```
$ kubectl delete pod ephemeral-test
pod "ephemeral-test" deleted
```

PVC/PV도 확인한다.

```
$ kubectl get pod,pvc,pv
No resources found
```

파드의 삭제에 따라 PVC와 PV도 삭제된다. 이처럼 파드의 수명 주기에 맞춰 PVC/PV도 삭제된다.

이 Generic Ephemeral Inline Volumes는 다음과 같은 상황에서 이용한다.

● 영상 처리나 음성 처리와 같이 처리 중인 데이터를 출력하는 애플리케이션

이러한 애플리케이션의 데이터는 크기가 커짐에 따라 거대한 볼륨을 필요로 하지만 이용이 끝나면 볼륨은 필요가 없어진다. 이럴 때 Generic Ephemeral Inline Volumes처럼 애플리케이션의 실행이 끝난 뒤(파드 삭제 후) 볼륨을 삭제하는 기능이 유용하다.

CHAPTER 5
스토리지 관리와 설계

이번 장에서는 스토리지를 사용하면서 필요한 관리와 설계를 설명한다.

스토리지는 여러 서버에서 접근하는 인프라 기기이자 데이터를 지키는 마지막 요새다. 예를 들어, 스토리지가 설치된 데이터 센터에 지진이나 화재가 발생해 멈추더라도 데이터가 손실되면 안 된다. 단순히 데이터 센터에 스토리지를 설치했다고 해서 안심하고 안전하게 사용할 수 있는 건 아니다.

그러므로 지금까지 설명한 스토리지의 기능과 특성을 이해하여 스토리지를 설계하고 적절히 운용해야 한다.

5.1 스토리지를 고르는 방법

사용자의 요건을 모두 만족하는 스토리지는 없다. 스토리지에 저장하는 데이터의 특성이나 가치, 접근하는 애플리케이션의 특성 등을 고려해 선택하는 게 중요하다.

데이터는 손실되면 기업이 무너질 수 있는 중요하면서 가치가 높은 데이터부터 연산 도중에 생성되는 중간 데이터처럼 손실돼도 문제가 없는 것 등 다양하다. 기업에 따라서는 제공하는 서비스마다 데이터의 가치가 다르기도 하다.

스토리지를 고르는 첫 단추는 이러한 데이터의 특성과 가치를 파악해 어느 스토리지에 어떤 데이터를 저장할지 설계하는 것이다. 이러한 규칙을 정하고 앞으로 설명하는 고려 사항을 참고하여 적절한 스토리지를 선택하자.

5.1.1 스토리지의 종류와 고려 사항

스토리지에는 다음의 세 종류가 있다.

- 블록 스토리지
- 파일 스토리지
- 오브젝트 스토리지

스토리지의 종류를 선택할 때는 이용하는 애플리케이션, 네트워크, 성능의 세 가지를 고려해야 한다.

세 가지 중 가장 중요한 고려 사항은 이용하는 애플리케이션이다. 2장에서 소개한 것처럼 오브젝트 스토리지에는 HTTP/HTTPS로 접근한다. 그러므로 오브젝트 스토리지를 이용하는 애플리케이션은 HTTP/HTTPS로 읽고 쓸 수 있는 기능이 지원돼야 한다. 즉, 오브젝트 스토리지에 대응하지 않는 애플리케이션은 오브젝트 스토리지를 이용할 수 없다.

한편 블록 스토리지나 파일 스토리지는 일반적인 OS가 지원하는 Read/Write 명령어 집합으로 스토리지에 접근하므로 대부분의 애플리케이션에서 이용할 수 있다.

그런데 파일 스토리지에서 이용하는 NFS나 SMB 등의 프로토콜은 OS가 부팅된 후 실행되는 경우가 많으므로 다음과 같은 애플리케이션에 대해서는 블록 스토리지를 이용한다.

- OS가 직접 이용하는 시스템 영역
- 독자적인 파일 시스템을 생성하는 애플리케이션
- 파일 공유의 락 기능이 성능에 영향을 주는 애플리케이션

특히 NFS나 SMB가 실행되기도 전에 마운트해야 하는 OS 자체에서 사용하는 시스템 영역에서는 파일 스토리지를 이용할 수 없기 때문이다. 또한 관계형 데이터베이스 등 일부 애플리케이션에는 독자적인 파일 시스템이 필요하다. 그럴 때는 파일 시스템을 변경할 수 없는 파일 스토리지는 이용할 수 없다.

게다가 관계형 데이터베이스와 같은 애플리케이션에는 파일 공유의 락에 의해 성능이 저하되는 것도 있다. 그런 애플리케이션에서는 예상보다 더 큰 성능 저하가 발생해 예기치 않은 장애를 일으킬 수 있으므로 주의해야 한다. 파일 스토리지를 이용할 때는 애플리케이션의 기술 문서 등을 통해 성능에 영향이 없는지 확인한 후 이용해야 한다.

파일 스토리지는 여러 서버에서 파일을 공유하는 데 적합한 스토리지다. 파일을 여러 서버에서 동시에 접근할 때나 탐색기 등으로 파일 공유를 할 때 유용하다. 블록 스토리지는 여러 서버에서 동시에 파일로 기록을 하면 파일을 보호하는 락 기능이 없기 때문에 파일이 손실될 수 있다.

다음으로 고려해야 할 점은 네트워크다.

네트워크를 고려할 때는 우선 서버와 스토리지 사이의 네트워크가 어떤 경로를 통해 통신하는지 파악해야 한다. 오브젝트 스토리지는 HTTP/HTTPS로 접근할 수 있기 때문에 많은 기업에서 방화벽을 통과해 접근할 수 있다. 따라서 인터넷을 통해서도 오브젝트 스토리지로 접근할 수 있는 경우가 많다. 특히 재해 등으로 인해 데이터 센터 자체가 멈추는 경우를 예상해 백업 데이터 등을 원거리에 있는 데이터 센터에 두고 싶을 때 유용하다.

한편 블록 스토리지나 파일 스토리지에서 이용하는 iSCSI나 SMB는 TCP/IP 통신이 가능한 네트워크상에 있는 서버에만 접근할 수 있다. 방화벽을 넘어 인터넷으로 서버에 접근하는 것을 허용하려면 다양한 보안 조치가 필요하므로 이를 허용하는 기업이 많지 않다. 인터넷을 통해 블록 스토리지나 파일 스토리지로 접근을 해야 한다면 우선 기업의 네트워크 정책을 확인해야 한다.

마지막으로 고려해야 할 점은 성능(I/O 성능)이다.

오브젝트 스토리지에서 이용하는 HTTP/HTTPS는 스토리지용으로 개발된 프로토콜이 아니다. 그렇기에 블록 스토리지나 파일 스토리지와 비교해 오브젝트 스토리지의 성능은 높지 않다. 빠른 성능이 필요하다면 오브젝트 스토리지는 적합하지 않다.

블록 스토리지나 파일 스토리지의 성능은 스토리지 제품마다 다르다. 블록 스토리지의 성능이 높은 제조사, 파일 스토리지의 성능이 높은 제조사 등 제조사의 강점은 제각기 다르다. 또한 스토리지 제품의 카탈로그 등에 표시된 성능치는 어디까지나 참고 항목이다. 이 성능치의 대부분은 벤치마크 프로그램 등으로 측정한 값이다.

그러므로 실제로 스토리지를 이용하는 애플리케이션이 I/O를 어떻게 발생시키느냐에 따라 크게 달라질 수 있다. 만약 가능하다면 스토리지를 도입하기 전에 테스트 장비를 사용해 실제로 이용할 애플리케이션으로 성능을 측정하면 좋다.

5.1.2 어플라이언스 스토리지 vs. SDS

어플라이언스 스토리지는 전용 하드웨어에 구축하는 반면, SDS는 범용 서버에 스토리지 소프트웨어를 설치해서 구축한다. 어플라이언스와 SDS를 선택하는 데 고려해야 할 점은 규모 조절 방법, 성능, 지원 체계다.

먼저 고려해야 할 건 스토리지의 규모 조절 방법이다. 또한 '어플라이언스 스토리지는 규모를 조절하지 않는다'는 얘기를 자주 듣는데, 이는 잘못된 이야기이며 어플라이언스 스토리지도 규모를 조절한다. 달라지는 건 그 방법과 단위다.

그림 5-1에 어플라이언스 스토리지와 SDS의 규모 조절 방법과 단위를 나타냈다.

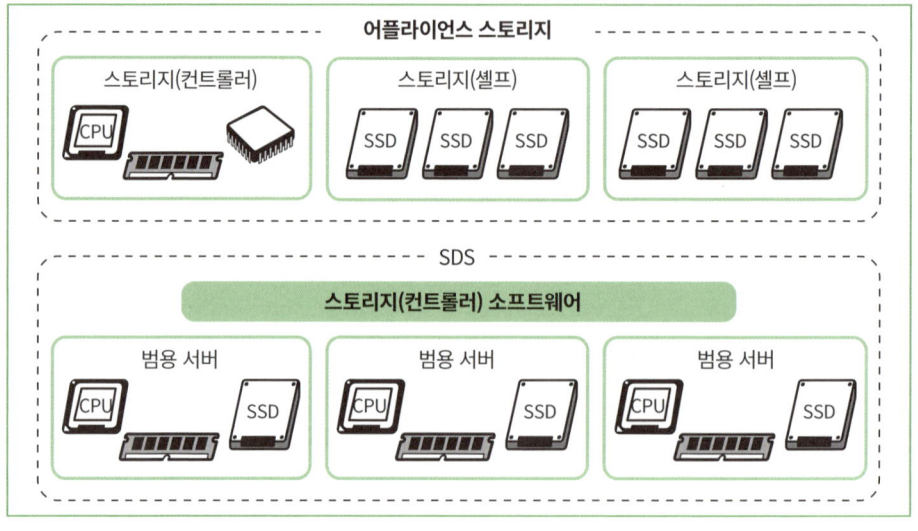

그림 5-1 어플라이언스 스토리지와 SDS

어플라이언스 스토리지는 CPU, 메모리, 전용 칩을 탑재한 컨트롤러와 드라이브를 담는 셸프shelf로 구성된다. 어플라이언스 스토리지의 컨트롤러는 컨트롤러 자체를 증설해서 **스케일 아웃**scale-out하는 것과 컨트롤러의 CPU나 메모리를 증설해서 **스케일 업**scale-up하는 두 가지 방법이 있다.

스케일 업만 할 수 있는 컨트롤러의 경우, 탑재할 수 있는 CPU나 메모리의 최대 탑재량에 한계가 있으므로 주의해야 한다. 디스크의 용량을 증설할 때는 신규 셸프를 추가하는 스케일 아웃으로 증설한다. 즉, 어플라이언스 스토리지는 어떤 부분을 증설할지에 따라 스케일 업과 스케일 아웃 중 한 방법을 결정한다.

한편 SDS는 CPU, 메모리, 드라이브 중 어느 것을 증설하더라도 기본적으로는 신규 서버를 추가하는 스케일 아웃으로 증설한다. 특정 서버에만 CPU, 메모리, 드라이브를 스케일 업으로 증설하면 SDS의 성능이 한쪽으로 치우치기 때문에 모든 서버에서 성능이 균일하도록 하는 게 바람직하다. 또한 SDS는 서버를 스케일 아웃으로 증설하므로 CPU나 메모리를 어플라이언스 스토리지의 컨트롤러보다 더 많이 설치할 수 있다.

규모를 조절하는 단위를 살펴보면 CPU와 메모리를 증설할 때 어플라이언스 스토리지는 CPU나 메모리 단위로 증설하고, SDS는 서버 단위로 증설한다. 이에 비해 드라이브의 증설은 둘 다 스케일 아웃으로 증설하지만 셸프 단위 증설과 서버 단위 증설로 나뉜다.

셸프는 한 대에 10개 이상의 드라이브를 탑재할 수 있는 게 많고 50개 이상을 탑재하는 대형 셸프도 있다. 한편 서버 단위라면 2~4개 정도의 드라이브가 탑재되는 경우가 많아 셸프와 비교해 드라이브의 개수는 많지 않다. 그러므로 작은 단위로 용량을 추가하는 운영 환경에는 SDS가 적합하며, 한 번에 큰 용량을 추가하는 운영 환경에는 어플라이언스 스토리지가 적합하다.

다음으로 고려해야 할 건 성능(I/O 성능)이다.

앞서 말한 것처럼 설치할 수 있는 CPU나 메모리의 총 개수는 SDS가 더 많지만 스토리지의 성능은 그것만으로 결정되지는 않는다. 일반적으로 스토리지의 I/O 성능은 어플라이언스 스토리지가 더 빠르다. 어플라이언스 스토리지는 고성능의 I/O를 실현하기 위해서 전용 칩이나 비휘발성 메모리를 사용한 큰 캐시를 갖추는 경우가 많기 때문이다.

이에 비해 SDS는 범용 서버에 소프트웨어를 설치해 구축한 스토리지이므로 대수를 늘려서 빠르게 만들 수밖에 없다. 즉, SDS 환경에서 I/O 성능을 요구한다면 서버 대수를 많이 늘려야 한다.

그러나 안타깝게도 서버의 대수를 늘린다고 해서 그 대수에 비례하여 무한정 I/O 성능이 빨라지지는 않는다. 대부분의 SDS는 데이터를 분할한 뒤 서버에 데이터를 보내 분산 처리를 함으로써 속도를 높인다. 작은 데이터의 경우, 분할되는 개수가 한정적이므로 아무리 SDS를 구성하는 서버의 수가 많아도 실제로 I/O를 처리하는 서버의 수는 불과 몇 대에 지나지 않을 수 있다. 그 밖에도 서버 간 네트워크가 병목현상을 일으키기도 한다.

이처럼 SDS 환경에서 빠른 I/O 성능을 요구한다면 접근하는 단위나 네트워크 등을 면밀히 설계해서 튜닝해야 한다. 전용 칩 등으로 속도를 높인 어플라이언스 스토리지를 사용할지 튜닝을 통해 속도를 높일지는 운용하는 조직의 방침에 달려 있다.

마지막으로 고려해야 할 건 지원 체계다.

어플라이언스 스토리지는 전용 하드웨어이므로 스토리지 제조사에서 구입하고 지원을 받는 게 일반적이다. 이에 비해 SDS는 제조사가 제공하는 SDS를 이용하거나 OSS와 SDS를 자신의 책임하에 이용하는 방법이 있다. 전자는 SDS를 제조사가 지원해주지만, 후자는 자신의 책임하에 이용하는 것이므로 지원 체계가 없다.

지원이 없다면 어떤 문제가 생길까?

우선, 장애가 발생하지 않는 스토리지는 없다. 장애가 발생했을 때 제조사가 있다면 복구 처리나 장애 대책을 지원을 받을 수 있다. 그러나 오픈소스로 공개된 것을 사용할 때는 그 오픈소스를 잘 알고 있거나 경우에 따라서는 소스코드를 직접 수정할 수 있는 엔지니어가 필요하다.

오픈소스 SDS를 잘 아는 엔지니어를 모을 수 있다면 제조사에 의존하지 않고 자신의 책임하에 운용하는 것도 하나의 선택지다. 만약 그런 엔지니어를 모을 수 없다면 장애가 났을 때 잃어도 되는 가치가 낮은 데이터용으로 한정해 이용하는 등 위험을 분산해야 한다. 이처럼 지원 체계, 운용 부서의 기술력, 위험 분산 등을 고려해 안심할 수 있는 안전한 스토리지를 선택한다.

5.1.3 베어메탈 서버 vs. 가상 머신 vs. 컨테이너

베어메탈 서버, 가상 머신, 컨테이너 중 어느 것을 이용할지 검토할 때는 스토리지 관점으로 선택하는 게 아니라 애플리케이션 관점으로 선택한다. 예를 들어, 스토리지 관점으로 선택하면 스토리지의 I/O 성능만을 고려하게 돼 애플리케이션을 유연하게 조절할 수 없게 된다.

우선은 운용할 애플리케이션의 성능을 잘 파악해 운용 방침을 정하고, 베어메탈 서버, 가상 머신, 컨테이너 중 어느 플랫폼에서 작동시키는 게 적절한지 선택한다.

이를 염두에 두고 스토리지 관점의 고려 사항을 설명한다. 고려해야 할 점은 관리 인터페이스와 I/O 성능 두 가지다.

우선 관리 인터페이스에 대해 고려해야 할 점이다.

3장과 4장에서는 베어메탈 서버, 가상 머신, 컨테이너/쿠버네티스에서의 스토리지 이용 방법과 관리 인터페이스를 설명했다. 베어메탈 서버에는 SMI-S나 Swordfish, 컨테이너/쿠버네티스에는 CSI와 같은 표준 사양의 관리 인터페이스가 있다. 그러나 가상 머신에는 표준 사양의 관리 인터페이스가 존재하지 않는다. 스토리지가 어떤 사양의 관리 인터페이스를 갖추고 있는지 조사해 각각의 플랫폼에 맞는 스토리지를 선택한다.

여러 제조사의 스토리지를 관리한다면 표준 사양의 관리 인터페이스를 선택하는 것도 효과적이다. 표준 사양의 관리 인터페이스를 선택하면 통일된 모델이나 방법으로 관리할 수 있을뿐더러 다른 스토리지를 사용하기 위한 학습 비용도 절감할 수 있다.

다음으로 고려해야 할 점은 성능(I/O 성능)이다.

I/O 성능을 고려할 때 장치와 파일 시스템이 베어메탈 서버, 가상 머신, 컨테이너에서 각각 어떻게 배치돼 있는지를 이해해야 한다. 그림 5-2에 각각의 배치를 나타냈다. 참고로 컨테이너를 가상 머신상에서 돌리고 있을 때는 가상 머신과 컨테이너가 2층인 구조가 된다.

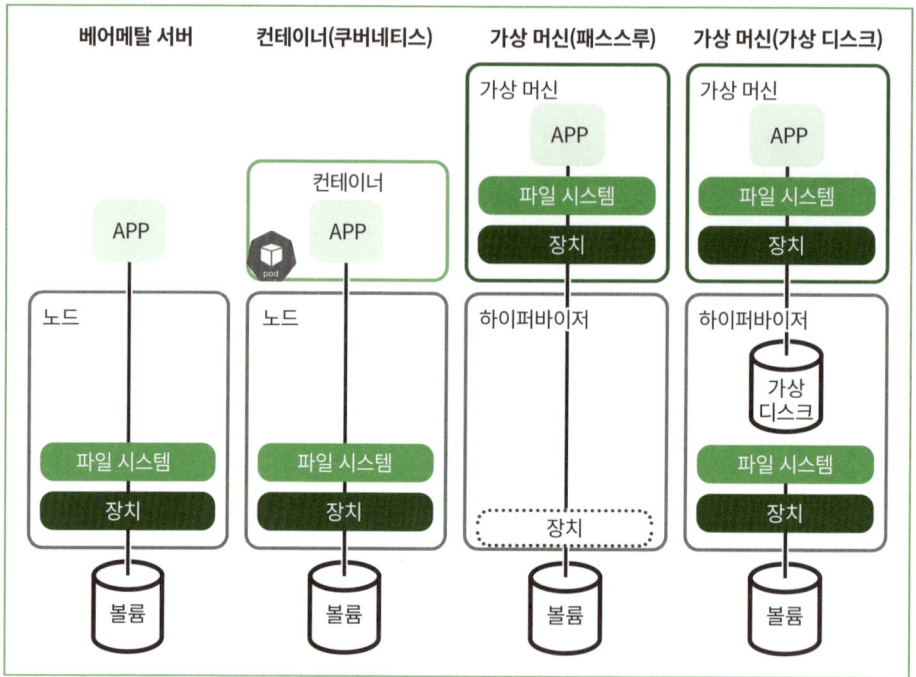

그림 5-2 베어메탈 서버, 가상 머신, 컨테이너에서의 장치와 파일 시스템의 배치

베어메탈 서버는 가장 단순한 구성으로, 노드(서버)상에 장치와 파일 시스템이 있다. 파일 시스템에서 읽고 쓴 데이터는 장치와 그 장치를 통해 I/O를 스토리지로 송수신하는 드라이버(iSCSI 드라이버 등)에 의해 처리된다.

컨테이너는 베어메탈 서버와 마찬가지로 노드상에 장치와 파일 시스템이 있는 단순한 구성이다. 컨테이너는 노드(볼륨) 마운트와 컨테이너 디렉터리(바인드) 마운트의 두 단계로 이루어질 뿐 장치와 파일 시스템의 구성은 베어메탈 서버와 크게 다르지 않다.

가상 머신은 패스스루와 가상 디스크로 나뉘며 각각 구성이 다르다. 패스스루는 하이퍼바이저상에 구축된 가상 머신에 장치와 파일 시스템이 만들어진다. 즉, 여러 가상 머신이 있을 때 가상 머신마다 장치와 파일 시스템을 가지고 있으므로 하이퍼바이저에 많은 장치와 파일 시스템이 만들어진다.

가상 디스크의 구성은 더 복잡하다. 우선 하이퍼바이저에 가상 디스크용 장치와 파일 시스템이 만들어진다. 거기에 가상 머신에도 장치와 파일 시스템이 만들어져 2계층 구조가 된다.

이 장치와 파일 시스템의 배치를 염두에 두고 베어메탈 서버, 컨테이너, 패스스루, 가상 디스크의 I/O 성능을 설명한다.

우선 베어메탈 서버와 컨테이너는 단순한 구성이므로 성능 손실이 거의 없어 스토리지의 I/O 성능을 최대한 발휘할 수 있다. 이에 비해 패스스루의 경우 가상 머신마다 장치와 파일 시스템이 있어 인접하는 가상 머신 때문에 성능 간섭이 생긴다. 그러므로 여러 가상 머신이 동시에 I/O를 발생시키면 하이퍼바이저에서 CPU steal(서로 CPU를 빼앗는)에 의한 I/O wait이 발생한다. 이를 방지하기 위해서는 하이퍼바이저상에 만들 가상 머신의 개수나 I/O를 많이 발생시키는 가상 머신을 동일한 하이퍼바이저에 올리지 않도록 배치하는 등의 조정이 필요하다. 가상 디스크의 경우, 각 가상 머신이 발생시킨 I/O는 하이퍼바이저상의 가상 디스크에 기록된 시점에서 기록이 완료된다. 이후 하이퍼바이저에 의해 설정된 시점에서 가상 디스크의 데이터를 비동기로 보내 스토리지에 기록한다. 즉, 가상 디스크가 캐시와 비슷한 역할을 한다.

이를 통해 가상 머신은 직접 스토리지에 I/O를 발생시키지 않고 가상 디스크에 I/O를 발생시키기에 일반적으로는 속도가 빠르다. 하지만 하이퍼바이저의 CPU와 메모리 등의 자원에 충분한 여유가 없을 때는 가상 디스크가 병목현상을 일으켜 오히려 성능이 저하되므로 주의해야 한다. 또한 가상 디스크를 이용할 때는 장애 발생도 주의해야 한다. 가상 머신이 스토리지에 데이터를 기록한 것 같아도 가상 디스크를 끼고 있기 때문에 실제로는 스토리지에 데이터가 기록되지 않은 경우도 있다. 그러므로 장애가 발생해 데이터를 복구할 때 스토리지의 데이터뿐만 아니라 가상 디스크의 데이터도 고려해서 복구해야 한다.

5.1.4 폐쇄형 클라우드 vs. 공개형 클라우드

폐쇄형 클라우드private cloud 서비스와 **공개형 클라우드**public cloud 서비스 중 어디에 데이터를 두는 게 좋을지 고민할 때도 스토리지만 고려해서는 안 된다. 데이터를 이용하는 애플리케이션의 특성을 고려하여 선택하자.

클라우드 서비스를 선택하는 데 고려해야 하는 것은 애플리케이션과 데이터의 배치 장소와 비용이다. 각각 고려해야 할 점을 설명한다.

많은 공개형 클라우드는 다양한 서비스나 API, 특정 애플리케이션과 잘 맞는 데이터베이스 등 스토리지를 이용한 서비스가 마련돼 있다. 이런 서비스들을 사용하고 싶다면 공개형 클라우드를 선택해야 한다. 다만, 여기서는 이러한 서비스를 사용하지 않고 공개형 클라우드가 제공하는 블록 스토리지, 파일 스토리지, 오브젝트 스토리지를 이용할 때를 설명한다.

우선 애플리케이션과 데이터의 배치 장소를 설명한다. 기밀성이 높은 데이터는 공개형 클라우드에 둘 수 없으며 폐쇄형 클라우드에 둬야 한다.

한편 공개형 클라우드와 폐쇄형 클라우드 중 어느 곳에 둬도 되는 데이터도 있다. 이 두 가지 경우에서 공통적으로 생각해야 하는 건 애플리케이션과 데이터의 배치 장소다.

그림 5-3에 클라우드에서의 애플리케이션과 데이터의 배치를 나타냈다.

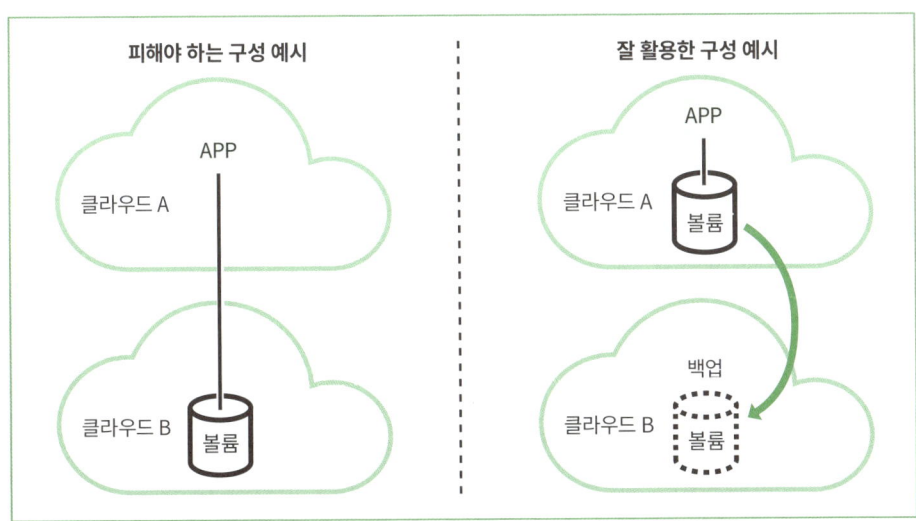

그림 5-3 클라우드에서의 애플리케이션과 데이터의 배치

그림 5-3의 왼쪽처럼 애플리케이션과 데이터를 저장하는 스토리지를 서로 다른 클라우드에 배치하는 건 피해야 한다. 특히 애플리케이션이 데이터베이스처럼 스토리지상의 데이터에 빈번히 접근하는 경우라면 더더욱 피해야 한다.

그 이유는 세 가지다.

첫 번째는 성능이다. 일반적으로 클라우드는 서로 인터넷을 통해 접근한다. 그러므로 애플리케이션과 스토리지 간의 네트워크 성능은 불안정해지기 쉽고 인터넷의 혼잡도에 영향을 받아 성능도 충분히 낼 수 없다.

두 번째는 내결함성이다. 클라우드를 걸친 애플리케이션과 스토리지 간의 연결에는 많은 네트워크 기기와 인터넷 제공자가 있다. 게다가 인터넷을 통할 때 중계자 역할을 하는 인터넷 제공자 쪽에 장애가 발생하면 애플리케이션이나 스토리지에 장애가 발생하지 않아도 서비스가 중단된다. 이처럼 자신의 조직 내에서 관리할 수 없는 장애 요소를 떠안게 된다.

세 번째는 비용이다. 많은 공개형 클라우드 서비스는 데이터 업로드가 무료지만, 다운로드는 데이터의 양에 따라 부과되는 종량제 요금을 채택한다. 그렇기에 데이터에 빈번히 접근하는 애플리케이션의 경우, 상상 이상의 비용이 발생한다.

만약 폐쇄형 클라우드와 공개형 클라우드 모두를 사용하고 싶다면 애플리케이션과 스토리지를 나누는 게 아닌, 애플리케이션마다 분산 배치하는 게 좋다. 예를 들면, 고객 데이터처럼 기밀성이 높은 데이터는 데이터베이스와 함께 폐쇄형 클라우드에 배치하고, 스마트폰 등에서 이용하는 웹 UI는 공개형 클라우드에 배치하는 것이다.

역시 그림 5-3의 오른쪽처럼 다른 클라우드로 데이터의 백업 데이터를 보내는 방식이 효과적이다. 백업 데이터는 애플리케이션과 스토리지 간 성능에는 영향을 주지 않고 클라우드 간 데이터 전송이 가능하다. 하지만 동일 클라우드 내에서 백업 데이터를 저장하는 것과 비교하면 다른 클라우드로 백업 데이터를 전송하므로 시간이 더 든다. 하지만 하루에 몇 번 정도만 데이터를 전송한다면 수용할 수 있는 부분도 있을 것이다.

이 구성의 장점은 클라우드 A가 재해 등으로 데이터 센터 자체가 멈춰도 데이터를 잃지 않는다는 것이다. 또한 비용 면에서도 백업 데이터는 대부분 업로드에 해당하므로 데이터 전송에 의한 과금이 거의 발생하지 않는다. 복원할 때는 다운로드에 해당하므로 데이터 전송에 의한 과금이 발생한다. 하지만 복원의 실행 빈도가 높지는 않기에 비용은 적다. 이처럼 애플리케이션과 데이터의 접근 빈도를 고려하면서 클라우드에 어떤 데이터를 배치할지 생각한다.

공개형 클라우드와 폐쇄형 클라우드 중에서 선택할 때, 다음으로 고려해야 할 건 비용이다.

스토리지는 데이터를 저장하기 위해서 사용한다. 그렇기에 데이터의 저장 기간을 고려해서 스토리지의 비용을 생각해야 한다. 데이터의 저장 기간은 주로 연 단위로 고려된다. 법령에 따라 10년 단위로 저장해야 하는 데이터나 지형 데이터 등 학술적인 관점에서 100년 단위로 저장해야 하는 데이터 등 다양하다.

폐쇄형 클라우드로 스토리지를 이용할 때는 스토리지 기기의 비용만이 아닌 데이터를 저장하는 기간 동안 발생하는 전기료나 인건비 등을 추가로 생각해야 한다. 공개형 클라우드로 스토리지를 이용할 때는 전기료는 절약할 수 있지만 데이터가 삭제되지 않는 한 매년 비용이 증가한다.

폐쇄형 클라우드와 공개형 클라우드 중 어느 게 저렴한지는 확실하지 않다. 공개형 클라우드니까 저렴하다고는 할 수 없는 것이다. 대상 데이터의 크기, 저장 기간, 증가율과 폐쇄형 클라우드의 운용비(전기료나 인건비 등)에 달려 있기 때문에 어느 것을 이용할지 사전에 잘 비교하고 평가해야 한다.

또한 주요 공개형 클라우드는 장기 저장에 특화된 저비용 오브젝트 스토리지를 제공한다. 이런 장기 저장용 스토리지는 I/O 성능이 매우 낮기 때문에 애플리케이션이 직접 이용하는 상황에는 맞지 않다. 하지만 앞서 말한 것처럼 백업 데이터를 장기간 저장할 때에는 효과적인 수단이다. 그래서 접근 빈도가 높은 데이터는 폐쇄형 클라우드 스토리지를 이용하고, 장기 저장용 백업 데이터는 공개형 클라우드를 이용하는 선택지도 생긴다.

이처럼 폐쇄형 클라우드와 공개형 클라우드를 선택할 때는 이용하는 애플리케이션이나 상황을 고려해 선택한다. 상황에 따라서는 소개한 예시와 같이 여러 클라우드를 용도별로 구분해 사용하는 것도 고려하자.

5.2 스토리지 집약과 멀티 테넌트 설계

HDD나 SSD 한 대당 용량이 매년 증가함에 따라 스토리지의 총 용량도 증가하고 있다. 그래서 소수의 스토리지에 다수의 서버를 연결해 스토리지를 집약하는 조직도 많다.

스토리지를 집약할 때 드라이브나 포트 등 한정된 자원을 공유하기 때문에 여러 서버에서 성능 간섭이 일어나지 않도록 고려해서 설계해야 한다. 스토리지에 따라서는 포트나 스토리지 풀 등의 단위로 I/O 성능 제어(QoS Quality of Service)를 설정해 성능 간섭을 억제하는 기능이 있다. 그러나 이런 기능을 갖췄더라도 구조에 따라서는 성능 간섭을 전부 억제할 수 없으므로 주의해야 한다.

그럴 때 유용한 스토리지 기능으로 **멀티 테넌트 기능**이 있다. 멀티 테넌트 기능은 스토리지의 자원을 테넌트 단위로 분할해 제공한다. 멀티 테넌트 기능으로 생성한 테넌트를 각 서비스나 조직 등에 할당함으로써 안정적으로 스토리지를 제공할 수 있다.

예를 들면, 서비스 A와 서비스 B라는 서로 다른 서비스를 한 대의 스토리지로 집약할 때 멀티 테넌트 기능을 사용하면 마치 각기 다른 스토리지에 접근하는 것처럼 다룰 수 있다.

그러나 이 멀티 테넌트 기능에는 표준 사양이 없어 각 제조사마다 그 구현이 다르므로 주의해야 한다. 대표적인 멀티 테넌트 기능의 구성 패턴을 그림 5-4에 나타냈다.

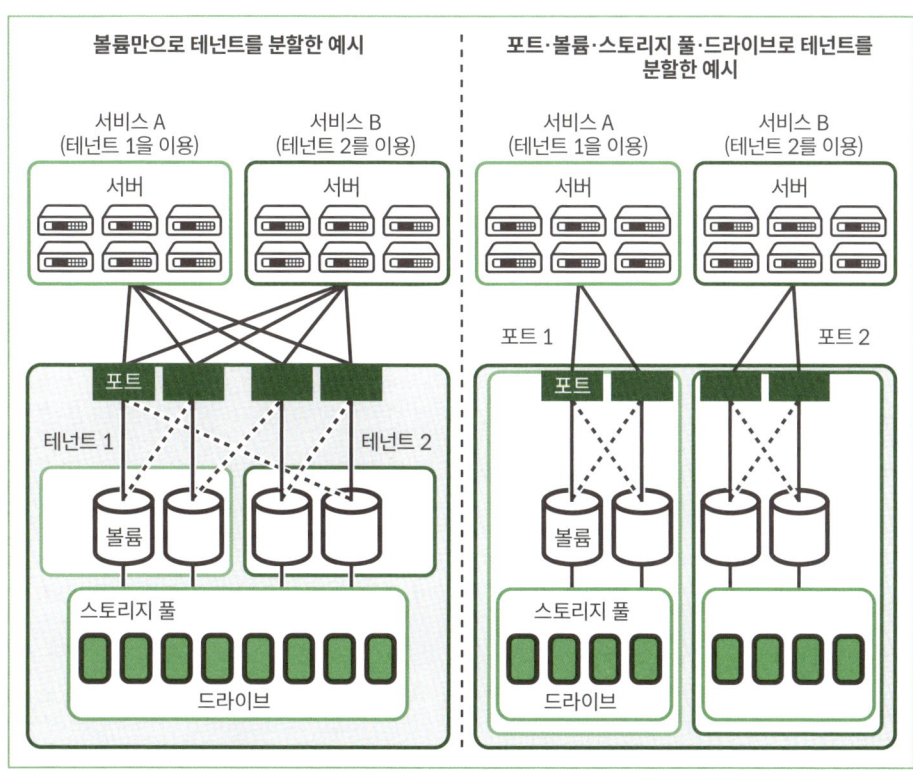

그림 5-4 멀티 테넌트의 대표적인 구성 패턴

첫 번째 구성 패턴은 그림 5-4의 왼쪽에 나타낸 것처럼 볼륨만을 테넌트로 분할한 구성이다. 이 구성의 경우 스토리지 풀과 드라이브 및 포트는 여러 테넌트에서 공유된다.

두 번째 구성 패턴은 그림 5-4의 오른쪽에 나타낸 것처럼 포트, 볼륨, 스토리지 풀, 드라이브를 테넌트로 분할한 구성이다. 이 구성의 경우 각 자원을 테넌트마다 분할했기 때문에 볼륨만 분할한 경우에 비해 독립성이 높다. 또한 이렇게 구성할 수 있는 스토리지에는 포트와 볼륨만을 멀티 테넌트화하고 스토리지 풀과 드라이브는 공유하는 유연한 설계가 가능한 제품도 있다.

멀티 테넌트 기능을 사용해 테넌트를 설계할 때는 보안, 성능 간섭, 용량 간섭, 집약도의 네 가지를 고려해야 한다.

표 5-1 테넌트 설계 시 고려해야 할 것

	볼륨만을 테넌트로 분할	포트, 볼륨, 스토리지 풀, 드라이브를 테넌트로 분할
보안	△	○
성능 간섭	×	○
용량 간섭	×	○
집약도	○	×

우선 **보안**에서 고려해야 할 점이다.

멀티 테넌트 기능을 사용할 때는 테넌트마다 관리자를 할당해서 접근한다. 이를 통해 서비스 A의 관리자 권한으로는 테넌트 1의 자원에만 접근할 수 있으며, 서비스 B가 이용하는 테넌트 2의 자원에는 접근할 수 없다.

이처럼 서비스 A와 서비스 B의 관리자를 나눔으로써 실수로 옆 테넌트에 접근해서 볼륨을 삭제하는 등의 사고를 막을 수 있다. 그러나 그림 5-4의 왼쪽에 나타낸 것처럼 볼륨만 테넌트로 분할할 때 공유 자원인 포트나 스토리지 풀, 드라이브에 대한 접근 권한에는 주의해야 한다. 예를 들면, 테넌트 1의 관리자 권한으로 포트를 다운시키거나 스토리지 풀의 용량을 축소하면 테넌트 2에도 영향을 줘 최악의 경우 서비스 B를 다운시킬 수도 있다.

이 같은 사고를 막기 위해서는 공유 자원에 대해서 각 테넌트 관리자에게 설정 권한을 부여하지 않고, 스토리지 전체 자원을 관리하는 전체 관리자(또는 전역 관리자)에게만 권한을 부여해야 한다. 포트 설정이나 스토리지 풀, 드라이브 설정을 변경할 때는 전체 관리자가 서비스 A, B와 협의한 뒤 실시하도록 한다.

다음은 **성능 간섭**에서 고려해야 할 점이다.

그림 5-4의 왼쪽에 나타낸 것처럼 볼륨만 테넌트로 분할했을 때는 포트, 스토리지 풀, 드라이브가 공유된 상태이므로 이 자원들에서 각 테넌트 간 성능 간섭이 발생한다. 예를 들면, 테넌트 1에서 고부하 I/O(Read/Write)가 발생했을 때 테넌트 2의 성능도 저하

된다.

이에 비해 그림 5-4의 오른쪽에 나타낸 것처럼 볼륨만이 아닌 포트, 스토리지 풀, 드라이브를 분할했을 때는 성능 간섭이 잘 일어나지 않는다. 하지만 이렇게 구성하더라도 컨트롤러의 CPU 등 공유되는 자원은 반드시 존재한다. 그렇기에 CPU 등의 자원을 특정 테넌트가 과도하게 사용하지 않도록 아이옵스나 속도 제한을 설정한다.

용량 간섭에서 고려해야 할 점은 다음과 같다.

용량 간섭이란 테넌트 A 안에 용량이 큰 볼륨을 너무 많이 만들면 테넌트 B가 스토리지 풀의 용량 부족을 일으켜 볼륨을 생성할 수 없게 되는 현상이다.

그림 5-4의 왼쪽에 나타낸 것처럼 볼륨만 테넌트로 분할했을 때 스토리지 풀과 드라이브를 각 테넌트에서 공유하므로 용량 간섭이 발생한다.

이에 비해 그림 5-4의 오른쪽과 같이 볼륨만이 아닌 포트, 스토리지 풀, 드라이브를 분할했을 때는 스토리지 풀과 드라이브가 분리되기 때문에 용량 간섭이 발생하지 않는다. 볼륨만 테넌트로 분할해서 용량 간섭을 막을 때는 쿼터 설정을 도입하는 것을 검토하자.

쿼터quota는 스토리지만이 아닌 OS, 하이퍼바이저, 쿠버네티스 등 다양한 계층에서 설정할 수 있다. 테넌트 단위나 볼륨 단위로 쿼터를 설정할 수 있는 스토리지도 있다. 볼륨 단위로 설정할 때는 각 볼륨의 용량과 예상 볼륨 개수를 고려해서 설정한다.

OS, 하이퍼바이저, 쿠버네티스 계층의 쿼터는 볼륨 단위로 설정한다. 이 경우도 스토리지와 마찬가지로 각 볼륨의 용량과 예상 볼륨 개수를 고려해서 설정한다. 그러나 OS, 하이퍼바이저, 쿠버네티스 계층에서 쿼터를 설정할 때 만약 설정을 잊은 서버가 있다면 그 서버가 용량 간섭을 일으킬 수 있으므로 주의해야 한다. 용량 간섭을 확실하게 막을 때는 되도록 스토리지에서 쿼터를 설정한다.

마지막은 **집약도**에서 고려해야 할 점이다.

그림 5-4의 오른쪽과 같이 볼륨만이 아닌 포트, 스토리지 풀, 드라이브를 테넌트로 분할했을 때는 각 자원을 점유하게 돼 집약도는 낮아진다. 예를 들면, 1TB SSD를 여럿 탑재한 스토리지에서 테넌트 1은 700GB를 이용하고, 테넌트 2는 1TB를 이용하는 사례를 생각해보자.

대부분의 스토리지는 같은 용량의 드라이브만 탑재할 수 있다. 이렇게 구성한 스토리지에서 그림 5-4의 왼쪽처럼 스토리지 풀을 제공할 때는 RAID 5의 최소 드라이브 개수인 세 개의 SSD를 사용해 스토리지 풀을 제공한다. 하지만 그림 5-4의 오른쪽처럼 스토리지 풀을 분할했을 때는 테넌트마다 스토리지 풀이 필요해진다.

결국 세 개의 SSD를 사용해 RAID 5를 설정한 스토리지 풀 두 개가 필요해, 드라이브 개수로 보면 총 여섯 대의 SSD가 필요하다. 이처럼 테넌트 1이 700GB만 쓰더라도 1TB SSD를 세 개 쓰게 돼 자원 낭비가 일어나 집약도가 떨어진다.

멀티 테넌트 기능은 여러 서비스의 데이터를 집약할 때 꽤나 편리한 기능이지만 스토리지에 따라 대상이 될 자원이 다르기에 위의 네 가지를 고려해 적절히 테넌트를 설계해야 한다. 또한 이용할 스토리지에 멀티 테넌트 기능이 없으면 스토리지의 집약도는 떨어지지만 안정적인 운용을 위해 서비스마다 다른 스토리지를 설치하는 것을 고려할 수 있다.

5.3 장애에 강한 구성 설계

스토리지는 장애가 발생해도 데이터를 잃어서는 안 된다. 그래서 미리 장애에 강한 구성을 짜야 한다. 그림 5-5에 예상되는 장애 패턴을 나타냈으며, 패턴별 장애 대책 구성을 설명한다.

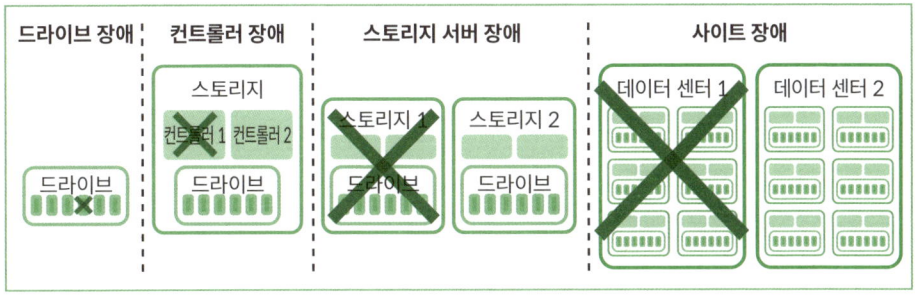

그림 5-5 장애 패턴

5.3.1 드라이브 장애 대책

우선 고려해야 할 장애 패턴은 드라이브 장애다.

특히 대규모로 스토리지를 이용할 때 드라이브 개수가 수천 대에서 수만 대로 꽤 많아지기 때문에, 예를 들어 장애율이 많이 낮더라도 반드시 드라이브의 고장을 맞닥뜨리게 된다. 이 같은 드라이브 장애에 대한 대책으로는 2.1.1절에서 설명한 RAID나 triple replication이 있다. 이러한 데이터 보호 기능을 사용해 드라이브 장애에 대비한 구성을 짠다.

5.3.2 컨트롤러 장애 대책

다음으로 고려해야 할 장애 패턴은 컨트롤러 장애다.

컨트롤러의 CPU, 메모리 포트 등 각 요소의 고장에 의해 컨트롤러 장애가 발생한다. 게다가 컨트롤러 장애는 각 요소의 고장만이 아닌 정전 등에 의해서도 발생한다.

컨트롤러는 장애가 발생하거나 버전을 업그레이드할 때 중단이 필요하다. 그리고 이러한 경우에도 컨트롤러의 중단 때문에 스토리지에 접근할 수 없게 되는 상황을 방지해야 한다. 그림 5-6에 컨트롤러의 장애 대책을 나타냈다.

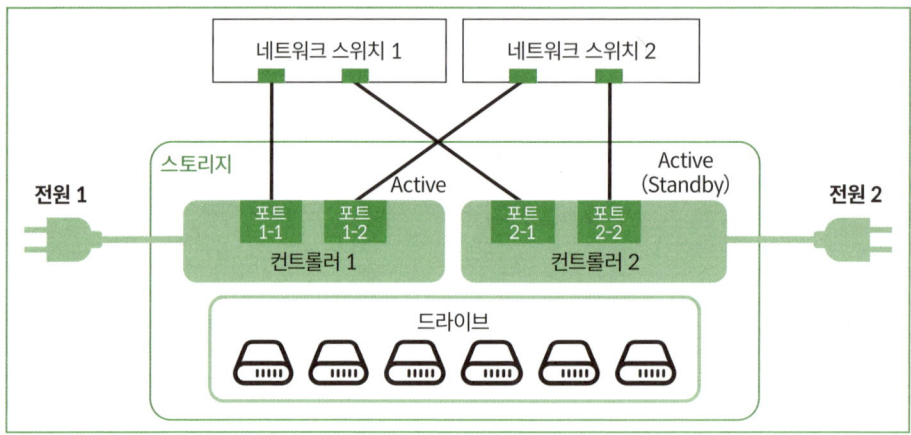

그림 5-6 컨트롤러의 장애 대책

컨트롤러의 장애 대책으로는 우선 컨트롤러를 이중화해야 한다. 어플라이언스 스토리지의 대부분은 컨트롤러를 여럿 갖추고 있어 **고가용성**high availavility, HA 구성이 가능하다. SDS는 컨트롤러의 각 기능을 하는 요소를 여러 서버에 설치해 HA를 구성한다.

컨트롤러의 고가용성 구성에는 Active-Active 구성과 Active-Standby 구성이 있다. 어느 쪽을 이용할 수 있는지는 제품에 따라 다르기에 제품의 기술 문서를 확인하고 설정하자. 또한 가능하다면 각 컨트롤러의 전원도 별개의 전원에 연결하면 좋다. 만약 전원 1을 연결한 전원 공급 장치의 차단기가 떨어져도 전원 2의 전력이 살아 있다면 스토리지는 컨트롤러 2에 의해 계속 작동한다.

마찬가지로 스토리지에 연결되는 네트워크 스위치도 여러 네트워크 스위치에 연결해 이중화함으로써 네트워크 장애에도 견딜 수 있는 스토리지가 된다. 이처럼 컨트롤러 자체의 HA뿐만 아니라 전원과 네트워크 스위치의 연결에 대해서도 장애를 고려함으로써 보다 장애에 강한 구성을 짤 수 있다.

5.3.3 스토리지 서버 장애 대책

다음 장애 패턴은 스토리지 서버의 장애다. 드라이브 장애와 컨트롤러 장애와 같이 스토리지 내부의 드라이브나 컨트롤러에 대해 장애 대책을 세웠다고 해도 스토리지 서버 자체가 중단되기도 한다. 또한 스토리지 서버를 교체할 때도 중단시켜야 한다. 이처럼 스토리지 중 한 대가 다운되더라도 서버로부터 데이터에 접근할 수 있어야 한다.

스토리지 본체의 장애 대책을 그림 5-7에 나타냈다.

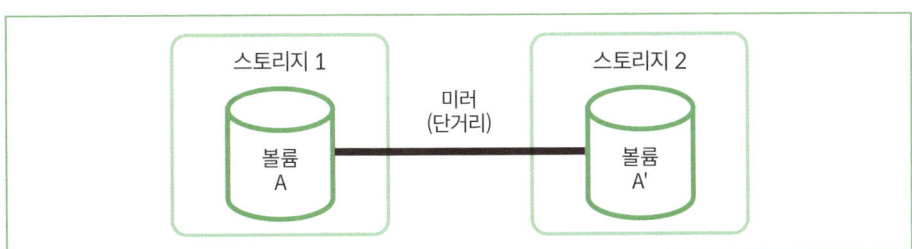

그림 5-7 스토리지 간 리모트 미러

대책으로는 우선 서버가 다운되더라도 계속해서 데이터에 접근할 수 있도록 다른 서버 간에 볼륨의 **리모트 미러**remote mirror를 구성한다. 미러는 2.1.4절에서 설명했다.

가능하면 공조나 전원 등이 별도로 구성된 장소(AZ)에 있는 스토리지에 미러를 구성한다. AZ 사양은 데이터 센터의 설계 정책에 따라 다양한데, 대부분의 데이터 센터에서는 데이터 센터 내의 실과 동을 분리하므로 공조나 전원 설비 등이 나누어져 있다. 즉, 각기 다른 AZ에 설치된 스토리지 간에 미러를 구성함으로써 AZ 장애에도 대처할 수 있다. 또한 미러의 동기/비동기 중 어느 것을 이용할지는 스토리지 사이를 연결하는 네트워크 속도를 고려해서 선택한다.

5.3.4 사이트 장애 대책

마지막 장애 패턴은 사이트 장애다. **리전**region이라고도 하는 사이트는 데이터 센터가 있는 지역을 말한다. 지진 등 재해로 인해 데이터 센터가 있는 지역이 피해를 입으면 데이터 센터 자체가 운용되기 어렵다.

이런 상황에서도 스토리지 서비스를 멈추지 않고 데이터에 접근할 수 있도록 대책을 세워야 한다. 이 같은 장애에 대한 대책을 **재해 복구**disaster recovery, DR라고도 한다.

사이트 장애에 대한 대책을 그림 5-8에 나타냈다.

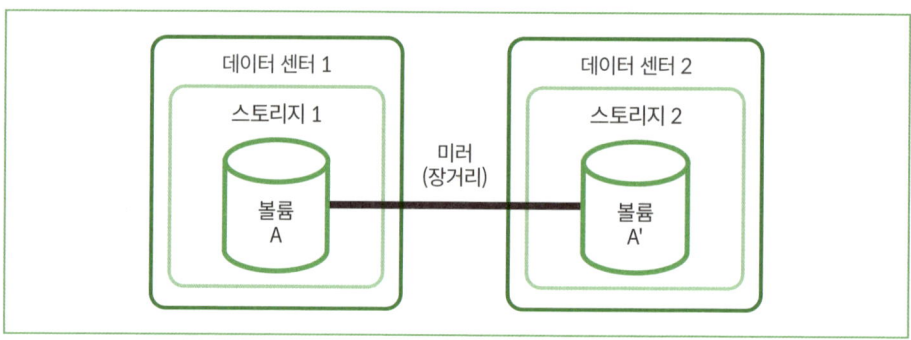

그림 5-8 데이터 센터 간 미러

사이트 장애에 대한 대책으로 다른 사이트에 있는 데이터 센터 간 리모트 복사를 구성한다. 서버 장애 대책과는 달리, 사이트 장애 대책에서 리모트 미러는 장거리가 된다. 그러므로 데이터 센터 사이를 연결하는 네트워크도 항상 빠르다고 할 수 없으므로 미러도 비동기를 이용한다. 게다가 모든 볼륨을 미러 구성으로 짜면 데이터 센터 간 데이터 통신량이 방대해지므로 필요한 볼륨만을 선별해 미러를 구성한다.

이와 같이 다양한 장애가 발생해도 견딜 수 있도록 스토리지를 구성하고 운용해야 한다. 특히 스토리지 서버 자체의 장애 대책과 사이트 장애에 대한 대책은 스토리지 서버나 사이트 **전환**[1]에 의해 서버와 스토리지 간 연결에 **다운타임**downtime이 발생한다. 그러므로 얼마나 다운타임을 허용할 수 있는지 사용자와 협의하여 구성을 검토해야 한다.

---

1 [옮긴이] 절체(切替)라고도 한다.

5.4 백업

5.3절에서 장애에 강한 스토리지 구성을 설명했다. 하지만 장애가 아니더라도 사람에 의한 실수나 애플리케이션 버그 등으로 스토리지에 저장된 데이터가 사라지는 일은 흔하다. 중요한 데이터를 잃으면 기업이 망하거나 사회적, 역사적인 자산 손실 등을 일으킬 수 있다. 그런 사태를 막기 위해서 백업은 매우 중요하다.

하지만 백업을 하면 백업 데이터를 유지하는 스토리지의 비용, I/O 부하, 운용 부하 등도 발생한다. 백업은 말하자면 데이터 손실을 대비하는 보험이다. 일반적인 스토리지 이용에서는 백업 데이터를 사용하는 일은 거의 없다. 그러므로 데이터의 가치에 따라서 백업 계획을 잘 설계해야 한다.

5.4.1 RPO/RTO의 결정

백업을 설계할 때는 우선 백업의 서비스 수준을 정해야 한다. 백업의 서비스 수준은 **RPO**(복구 지점 목표)Recovery Point Objective와 **RTO**(복구 시간 목표)Recovery Time Objective로 정의할 수 있다.

그림 5-9에 RPO와 RTO를 나타냈다.

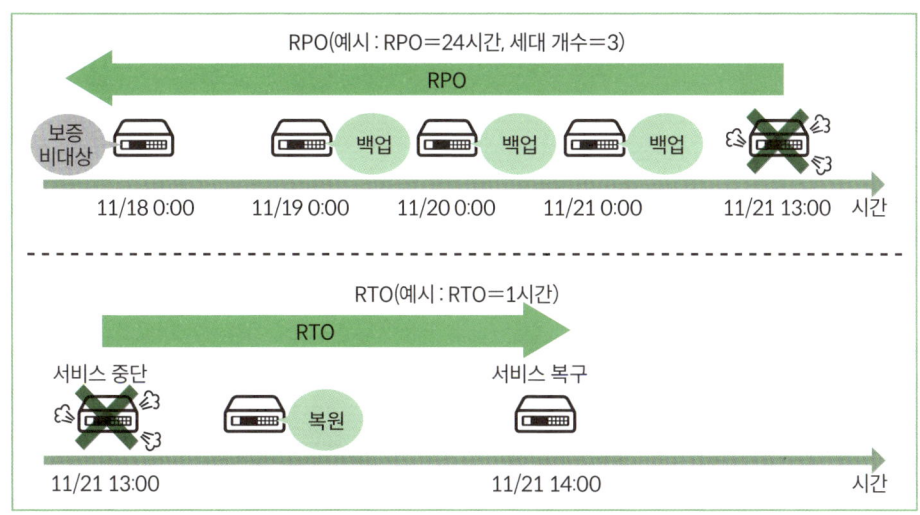

그림 5-9 RPO와 RTO

- RPO
  - 장애 발생 시 과거의 '어느 시점까지' 데이터를 복구할지에 대한 목푯값
  - 이 값에 의해 백업 간격이나 보존 개수를 결정
  - 예: RPO=24시간(24시간 간격의 백업)
- RTO
  - 장애 발생 시 '몇 시간 만에' 복구할지에 대한 목푯값
  - 이 값에 의해 백업 방법이나 백업할 스토리지를 결정

RPO를 검토할 때 백업할 세대 개수(몇 회분의 백업 데이터를 유지할지)도 같이 정한다. 세대 개수를 정하지 않으면 백업된 데이터를 삭제할 시점이 없어 백업 데이터의 용량이 계속 증가한다.

한 사례로 100GB 볼륨의 백업을 'RPO=24시간'으로 하고, 세대 개수를 정하지 않고 운용해 1년이 경과했을 때 백업 데이터의 용량은 36.5TB(=100GB×365일)에 이른다. 백업할 데이터의 가치와 백업 데이터를 유지하는 스토리지에 쓸 수 있는 비용과 운용 부하를 고려해 RPO, RTO, 세대 개수를 결정한다.

5.4.2 백업 방법

다음으로 백업 방법을 고르는 방법을 설명한다. 백업에는 크게 서버 사이드 백업과 스토리지 사이드 백업의 두 가지 방법이 있다.

그림 5-10에 서버 사이드 백업과 스토리지 사이드 백업을 나타냈다.

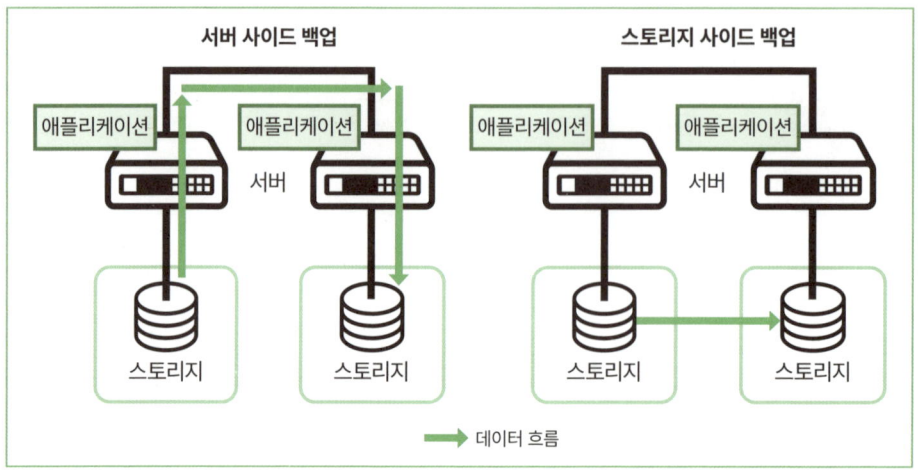

그림 5-10 서버 사이드 백업과 스토리지 사이드 백업

- 서버 사이드 백업
    - 서버나 애플리케이션에서 백업을 실시(rsync, xtrabackup 등)
    - 장점: 스토리지 기능에 의존하지 않고 백업할 수 있다.
    - 단점: 서버나 애플리케이션에 부하가 걸린다.
- 스토리지 사이드 백업
    - 스토리지의 기능으로 백업을 실시(스냅숏과 클론 등)
    - 장점: 서버나 애플리케이션에 부하가 걸리지 않는다.
    - 단점: 스토리지의 기능에 의존한다.

서로 다른 제조사의 스토리지 간 또는 블록, 파일, 오브젝트 스토리지처럼 다른 종류 간에 백업을 실시할 때는 스토리지의 기능에 의존하지 않는 서버 사이드 백업을 이용한다. 하지만 서버 사이드 백업은 서버나 애플리케이션에 많은 부하가 걸리기 때문에 운용 중인 애플리케이션의 성능이 저하된다. 그러므로 애플리케이션의 성능이 저하돼도 영향이 적은 야간 시간대에 실시한다.

한편 스토리지 사이드 백업은 서버나 애플리케이션에 주는 성능 영향이 적다. 하지만 스토리지 기능에 따라 달라지므로 서로 다른 제조사의 스토리지 간 백업 데이터를 이용하지 못하게 될 수 있으므로 주의해야 한다. 다음은 스토리지 사이드 백업에서 가장 많이 이용하는 스냅숏과 클론에 대한 설명이다. 또한 스냅숏과 클론의 자세한 내용은 2.1.4절을 참고하자.

- 스냅숏
    - 어떤 시점의 데이터_{point in time}를 저장하는 기능
    - 대부분의 스토리지는 원본 볼륨의 차분 데이터만을 저장하므로 차지하는 용량이 적다.
        - 하지만 차분 데이터만 유지되므로 복구할 때는 원본 볼륨이 필요하다(원본 볼륨에도 I/O 부하가 발생).
    - 차분 데이터를 저장하는 영역만 확보하며 데이터 쓰기는 발생하지 않으므로 실행은 초 단위로 완료되는 것이 많다.
        - COW를 많이 채택하여 데이터 쓰기가 발생했을 때 비동기로 저장 영역에 차분 데이터를 복사한다.
- 클론
    - 볼륨의 복사본
    - 대부분의 스토리지는 원본 볼륨 데이터를 완전히 복사하므로 차지하는 용량이 많다.
        - 하지만 복원할 때 원본 볼륨이 없어도 된다.
    - 데이터의 완전 복사본이므로 데이터 용량에 따라서 실행 시간이나 부하가 든다.
    - 로컬은 같은 스토리지 서버 안에서 복제본을 생성한다.
    - 리모트는 다른 스토리지 서버에 복제본을 생성한다(네트워크 속도에 따른 실행 시간).

스냅숏과 클론은 예상하는 장애 위치, RTO, 백업 데이터의 용량에 따라 구분해서 사용해야 한다. 우선 장애 위치를 그림 5-11을 통해 설명한다.

그림 5-11 장애 위치

백업이 유효한 장애 위치는 데이터, 볼륨, 스토리지 서버로 크게 나눌 수 있다. 데이터 손상은 작업 실수나 애플리케이션의 버그 등에 의해 일어나고, 볼륨 손상은 드라이브 장애나 컨트롤러 장애 등에 의해 특정 볼륨만 손상된다. 스토리지 서버 손상은 서버 자체의 장애나 사이트 장애에 의해 본체에 접근할 수 없게 된다.

스냅숏과 클론(로컬/리모트)에 대한 장애 위치별 유효성, 제약, 백업 및 복구 시간 등을 표 5-2에 나타냈다.

표 5-2 장애 위치별 유효성, 제약, 백업 및 복구 시간 등

	스냅숏	클론(로컬)	클론(리모트)
데이터 손상 시 복구 여부	가능	가능	가능
볼륨 손상 시 복구 여부	불가능	가능	가능
서버 손상 시 복구 여부	불가능	불가능	가능
복구할 곳에 대한 제약	원본 볼륨과 동일한 스토리지 내에만	원본 볼륨과 동일한 스토리지 내에만	다른 스토리지라도 가능
백업에 드는 시간	단시간	중시간	장시간
복구에 드는 시간(RTO)	단시간	단시간(스냅숏과 비슷하거나 그 이상인 경우가 많다)	장시간
백업 데이터의 용량(비용)	작다 (차분 데이터만)	크다 (원본 볼륨과 거의 동등※)	크다 (원본 볼륨과 거의 동등※)

※ 압축이나 중복 제거에 의해 용량을 절감할 수 있는 것도 있다.

어떤 위치에 장애가 발생하더라도 복구가 가능한 건 클론(리모트)이다. 하지만 백업과 복구에 드는 시간, 백업 데이터의 용량이 크다. 이에 비해 스냅숏은 데이터 손상에만 유효하나 백업과 복구에 드는 시간, 백업 데이터의 용량은 작다. 이러한 특징들을 고려해 적절한 백업 방법을 선택해야 한다.

5.4.3 백업 계획 예시

백업 계획을 짤 때는 RPO/RTO의 결정과 그걸 만족하기 위한 백업 방법을 설설히 선택해야 한다. 또한 RPO/RTO는 장애 시의 손상 위치 등을 고려해 여러 서비스 수준을 결정해야 한다. 다음 예시에서는 손상 위치에 따라 RPO, RTO를 설계한다.

[예시]
- 데이터 손상에 관한 목푯값
    - RPO=30분(세대 개수: 48(24시간 분량 유지)), RTO=5분
- 볼륨 손상/서버 손상에 관한 목푯값
    - RPO=24시간(세대 개수: 3(3일 분량 유지)), RTO=1시간

이처럼 RPO/RTO를 결정했을 때 백업 방법과 실행 간격은 다음과 같다.

- 30분 간격으로 스냅숏을 실행
    - 48개를 넘었을 때는 가장 오래된 스냅숏부터 삭제
- 하루에 한 번, 클론(리모트)을 실행
    - 3개를 넘었을 때는 가장 오래된 클론부터 삭제

5.4.4 백업 흐름

애플리케이션 데이터를 백업할 때의 대표적인 흐름을 그림 5-12에 나타냈다.

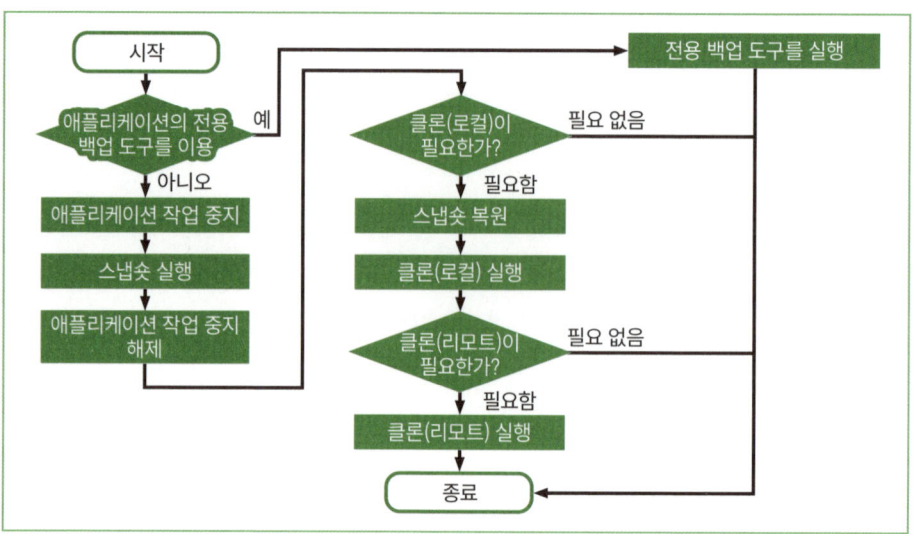

그림 5-12 백업 흐름

우선 애플리케이션에 따라서는 전용 백업 도구를 갖춘 것도 있어 이를 이용하기도 한다. 그렇지 않을 경우 백업의 첫 단계로 애플리케이션의 작업 중지를 한다. **작업 중지** quiesce란 애플리케이션이 데이터를 쓰고 있을 때 백업을 실행하여 나중에 복원하려고 했을 때 데이터가 파괴돼 이용할 수 없게 되는 것을 방지하는 중요한 조작이다.

백업 중에 멈춰도 문제가 없다면 애플리케이션을 멈추자. 이처럼 애플리케이션을 멈춘 상태에서 하는 백업을 **오프라인 백업**offline backup이라고 한다.

한편 애플리케이션을 멈추지 않고 실행한 상태로 백업하는 것을 온라인 백업이라고 한다. 온라인 백업의 경우, 애플리케이션의 작업 중지는 애플리케이션마다 그 방법이 다르다. 통일된 방법은 없으므로 애플리케이션의 기술 문서를 참고하면서 작업 중지와 작업 중지 해제를 시행하자. 데이터베이스와 같은 애플리케이션은 대부분 온라인 백업을 예상해 작업 중지나 쓰기 작업에만 락을 거는 기능을 갖고 있다.

또한 작업 중지 기능이 없고 파일 시스템의 정합성만 보장되면 충분할 때는 파일 시스템의 작업 중지를 수행하는 명령어 `fsfreeze`를 이용하는 방법도 있다. 또한 애플리케이션의 작업 중지 중에 작성된 데이터는 메모리에 일시적으로 저장되므로 장시간의 작업 중지는 메모리 오버플로의 위험을 동반한다.

그래서 작업 중지 시간을 되도록 짧게 하기 위해 스냅숏을 활용한다. 이 '작업 중지 → 스냅숏 → 작업 중지 해제'는 5.4.3절의 백업 계획 예시처럼 비교적 짧은 간격으로 반복해 실행하는 것도 권장한다.

다음으로 클론을 실시한다. 클론(리모트)은 시간이 걸리므로 실행 중인 애플리케이션은 장시간 성능이 저하된다. 특히 블록 스토리지나 파일 스토리지의 데이터를 오브젝트 스토리지에 백업할 때는 서버 사이드 백업이므로 성능 저하가 심해진다. 따라서 스냅숏을 복원해 클론(로컬)하면 새로운 볼륨으로 복제할 수 있으므로 실행 중인 애플리케이션이 이용하는 볼륨의 성능이 저하되는 시간을 짧게 억제한다.

스냅숏으로 복원한 볼륨을 직접 이용할 때 차분이 없는 데이터에 대해서는 애플리케이션이 이용하고 있는 볼륨에 접근해야 하므로 성능 저하를 일으킨다. 따라서 클론(로컬)과 조합한다. 또 애플리케이션이 실행 중인 서버와는 별도로 백업을 하기 위한 전용 서버(백업 서버)를 이용해 클론(리모트)하면 성능 저하를 더욱 방지할 수 있다.

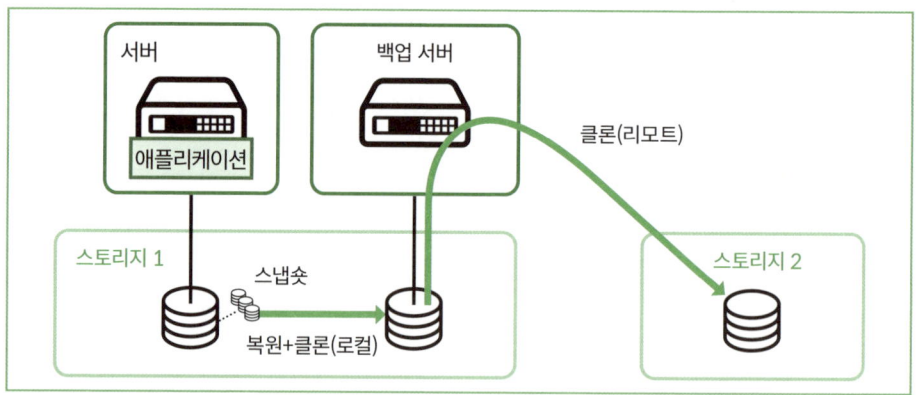

그림 5-13 백업 서버를 이용한 클론(리모트) 예시

마지막으로 클론(로컬)이 필요 없게 됐을 때는 클론(리모트)이 완료되면 삭제한다. 이처럼 애플리케이션에 주는 영향을 최소화하기 위해서 스냅숏과 클론의 특징을 활용한 백업을 실시한다.

5.4.5 복원 흐름

복원해야 할 상황에선 애플리케이션이 대부분 멈춰 있을 것이다. 애플리케이션이 실행 중이더라도 과거 어떤 시점의 데이터로 돌릴 때는 다른 서버에 복원한 데이터로 애플리케이션을 실행한 후 서버를 전환한다. 백업 데이터로부터 복원할 때의 대표적인 흐름을 그림 5-14에 나타냈다.

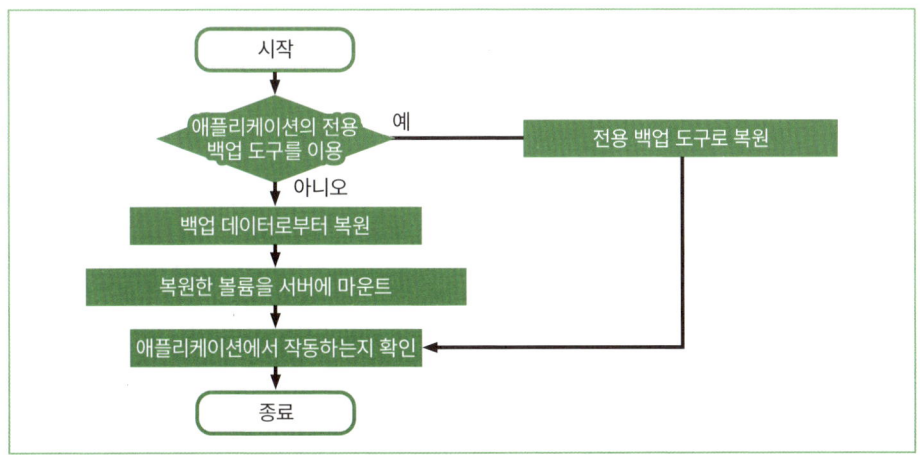

그림 5-14 복원 흐름

우선 애플리케이션의 전용 백업 도구를 사용해 백업했을 때는 그 도구를 사용해 복원한다. 전용 백업 도구로 백업하면 독자적인 형식의 데이터로 백업되므로 그 도구로만 복원할 수 있다. 전용 백업 도구를 사용하지 않고 클론(리모트)으로 백업했을 때는 클론(리모트)으로 백업 데이터로부터 복원을 실행한다.

복원이 완료된 볼륨을 애플리케이션이 실행될 서버에 마운트하고 애플리케이션에서 정확하게 복원됐는지 확인한다. 특히 서버 사이드 백업으로 백업했을 때 정확하게 복원된 것처럼 보여도 파일의 소유자나 권한 등이 변경되기도 한다. 반드시 애플리케이션에서 작동을 확인해야 한다.

또한 이 복원 작업은 평소에 수행하는 조작이 아니다. 그렇기에 장애를 복구하려고 했을 때 백업 데이터로부터 복원하는 데 실패해 결국 복구할 수 없는 불행한 상황이 일어나기도 한다. 이는 스토리지나 서버 사이드 백업에서 사용하는 도구의 버전 변경 등으로 인해 올바른 백업 데이터가 생성되지 않은 것을 알아채지 못했을 때 일어나기 쉽다.

이를 방지하기 위해 정기적으로 복원할 수 있는지 검증하고, 막상 일이 닥쳤을 때 겁먹지 않고 복구할 수 있도록 준비하기를 권한다.

5.5 모니터링 설계

스토리지를 운용하는 데 있어 스토리지가 매일 정상적으로 작동하는지 모니터링하는 것은 매우 중요하다. 그림 5-15에 모니터링 화면의 예시를 나타냈다.

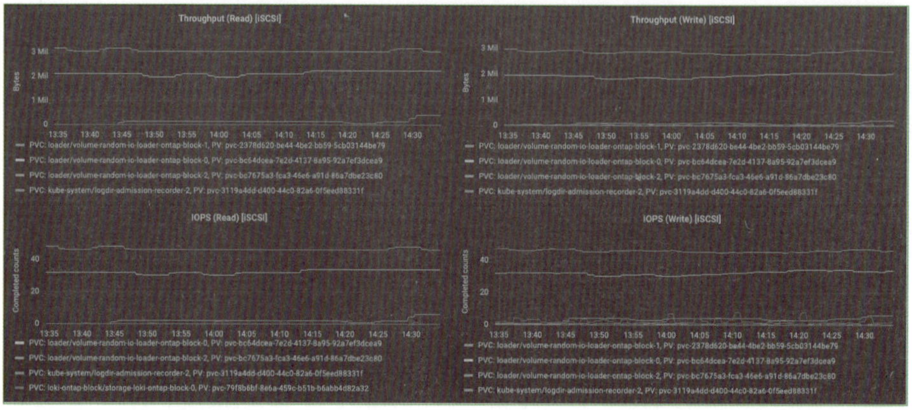

그림 5-15 모니터링 화면 예시

스토리지 관리 API나 관리 소프트웨어로부터 모니터링을 위한 다양한 정보를 얻을 수 있다. 하지만 모니터링 정보를 얻을 수 있다고 해서 아무런 생각 없이 성능과 상태에 관한 다양한 값이나 그래프를 나열하는 것은 의미가 없다. 무턱대고 모니터링 항목을 너무 늘리면 정보량이 많아져 원하는 정보를 얻을 수 없게 돼 결국 운용 효율이 저하되므로 주의해야 한다.

또한 모든 사람에게 유용하며 만능인 모니터링 방법은 없다. 이는 모니터링 대상인 스토리지의 종류와 구성 그리고 사용법이 다를뿐더러 모니터링하는 사람의 조직에 따라 모니터링 목적이나 항목이 달라지기 때문이다. 또 스토리지의 사용자 수나 사용법이 바뀔 때마다 모니터링 항목을 재검토해야 한다. 여기서는 모니터링을 설계하는 데 고려해야 할 점을 필자의 경험에 근거해 설명한다.

모니터링에 있어 가장 중요한 건 '누가 무엇을 위해서 모니터링하는지'를 생각해 설계하는 것이다. '누가'에 대해서는 우선 스토리지 사용자인지 관리자인지를 명확히 해야 한다. 각각의 관점에 따라 모니터링하고 싶고 모니터링해야 하는 항목이 다르기 때문이다.

그림 5-16은 각각의 모니터링 관점을 보여준다.

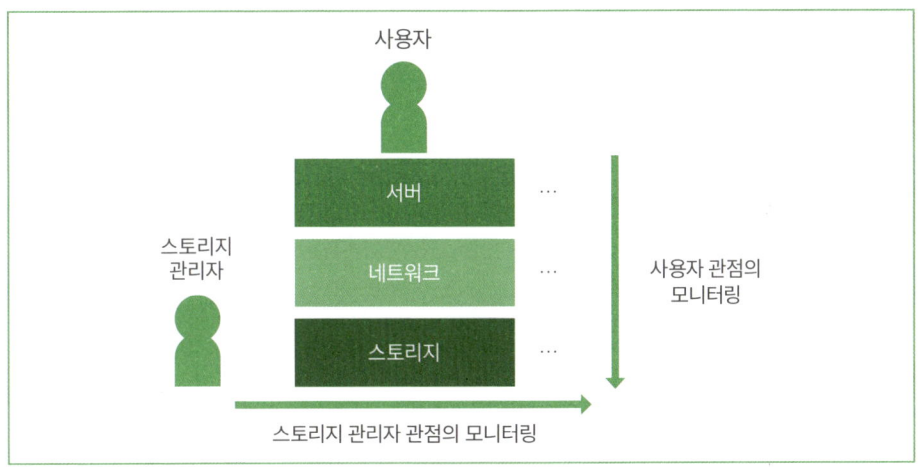

그림 5-16 **모니터링 관점**

사용자 관점에서는 서버 입장에서 본 스토리지 모니터링이 중요하다. 사용자는 서버 또는 서버에서 작동하는 애플리케이션이 이용하는 스토리지 성능과 상태만 신경 쓰기 때문이다. 그러므로 서버나 애플리케이션이 이용하는 스토리지의 성능이 항상 잘 나오는지 모니터링해야 한다. 또한 사용자는 자신이 사용하는 볼륨의 성능은 신경 쓰지만 다른 사용자의 성능은 신경 쓰지 않는다. 게다가 다른 사용자의 볼륨 정보를 취득하는 것은 보안상 문제가 되므로 바람직하지 않다. 따라서 사용자 관점에서는 수직 방향으로 스토리지를 모니터링한다.

한편 스토리지 관리자 관점에서는 여러 대의 스토리지를 모니터링하는 게 중요하다. 스토리지는 5.2절에 나타낸 것처럼 여러 사용자가 이용하는 인프라 기기다. 그렇기에 스토리지 관리자는 특정 사용자가 이용하는 볼륨뿐만 아니라 모든 사용자가 이용하는 볼륨을 모니터링해야 한다. 예를 들면, 어떤 사용자의 I/O가 증가했을 때 다른 사용자의 볼륨에 성능 간섭을 일으키지 않았는지 모니터링한다. 이처럼 스토리지 관리자는 수평 방향으로 스토리지를 모니터링한다.

또한 이 사용자 관점의 모니터링과 스토리지 관리자 관점의 모니터링은 어느 한쪽만으로 충분하지 않다. 예를 들면, 네트워크 지연이 발생했을 때 서버는 I/O를 대량으로 발생시키지만 스토리지에는 그 I/O가 다 들어오지 않는 상황도 일어난다. 이런 상황은 사용자 관점과 스토리지 관리자 관점의 모니터링 항목을 맞춰봐야 알 수 있다. 이처럼 무슨 일이 일어났을 때 맞춰볼 수 있도록 두 관점의 모니터링 항목을 잘 생각해 설계해야 한다.

공개형 클라우드를 이용하면 사용자 관점의 모니터링용 서비스가 제공되기도 하는데 그런 서비스를 활용하는 것도 고려하면 좋다. 다만, 공개형 클라우드를 운영하는 기업의 스토리지 관리자가 스토리지 관리자 관점에서 모니터링할 때 이러한 서비스를 이용한다면 독자적인 모니터링 항목이 아니라 미리 제공된 모니터링용 서비스를 이용하는 것이 좋다. 그렇지 않으면 성능 저하나 장애 발생 시 문의가 필요할 때 예상보다 더 많은 시간이 소요될 수 있다.

다음으로 고려해야 할 점은 '무엇을 위해서 모니터링하는지' 생각해 설계하는 것이다. 그러나 무엇을 위해서 모니터링하느냐에 대한 사고방식은 스토리지나 서버의 구성, 이용 방법, 조직 체계에 따라 달라진다. 5.5.1~5.5.3절에서는 무엇을 위해서 모니터링하는지 고려해 설계하기 위한 사전 지식으로 주요 모니터링 항목인 상태, 성능, 용량/비용에 관한 대표적인 값을 살펴본다. 그리고 5.5.4~5.5.5절에서 필자의 경험에 근거해 무엇을 위해 모니터링하는지를 설명한다.

5.5.1 상태 모니터링

상태 모니터링condition monitoring이란 스토리지의 각 요소가 정상적으로 작동하는지 그 상태를 모니터링하는 것이다.

포트, 컨트롤러, 볼륨, 드라이브의 상태를 모니터링하는 것이 좋다. 포트, 컨트롤러, 드라이브의 상태는 대부분 정상online, 중지offline, 이상error으로 표시된다. 한편 볼륨의 상태는 디그레이드degrade라는 표시도 있다. **디그레이드 상태**란 드라이브 장애가 발생해서 RAID의 데이터 보호 기능에 의해 자동 복구 중일 때 성능이 저하되는 상태를 말한다.

디그레이드 상태도 파악할 수 있게 모니터링하면 볼륨의 성능이 저하됐을 때 원인을 빠르게 규명할 수 있다. 각 요소가 어떤 상태에 있는지는 스토리지마다 다르므로 기술 문서를 참고하자.

5.5.2 성능 모니터링

성능 모니터링performance monitoring에는 주로 I/O 성능 모니터링과 오퍼레이션 성능 모니터링의 두 가지가 있다.

I/O 성능 모니터링은 read/write와 같이 데이터를 읽고 쓰는 성능을 모니터링하고, 오퍼레이션 성능 모니터링은 볼륨 생성과 같이 관리용 API의 성능을 모니터링한다.

우선 I/O 성능 모니터링에서 주로 이용하는 성능값을 소개한다.

- 레이턴시: I/O 요청 후 그 요청이 실행 완료되기까지의 시간
- 스루풋: 단위 시간당 데이터 전송량
- 아이옵스: 1초 동안에 읽고 쓸 수 있는 횟수

이 성능값들이 서버에서 측정된 값인지 스토리지에서 측정된 값인지 주의해야 한다. 서버에서 측정된 값에는 서버와 스토리지 간 네트워크도 포함된다. 한편 스토리지에서

측정된 값은 대부분 스토리지의 포트에서 스토리지 내부까지의 값이며 네트워크 값은 포함되지 않는다.

레이턴시latency는 값이 낮을수록 지연이 적다는 것을 나타낸다. 서버에서 얻은 값과 스토리지에서 얻은 값에 큰 차이가 있을 때는 네트워크 지연이 영향을 주고 있을 수도 있다.

스루풋throughput과 **아이옵스**input/output per second, IOPS는 모두 스토리지의 속도를 나타낸다. 이 중 어느 값을 중요시할지는 생성되는 I/O 패턴에 따라 달라진다. I/O 패턴을 그림 5-17에 나타냈다.

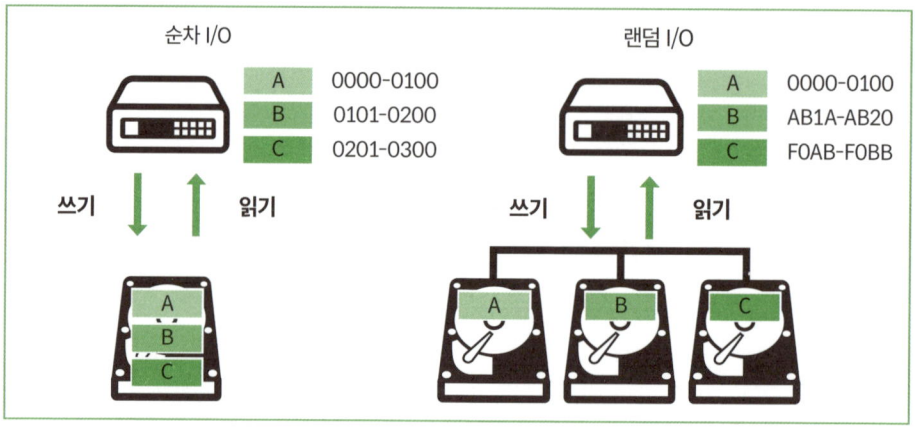

그림 5-17 순차 I/O와 랜덤 I/O

I/O 패턴은 연속된 LBA의 데이터에 접근하는 **순차 I/O**sequential I/O와 다른 LBA의 데이터에 접근하는 **랜덤 I/O**random I/O로 구분된다. 대용량 데이터나 백업처럼 모든 데이터를 맨 처음부터 한 번에 다루는 연속된 데이터로의 접근은 대부분 순차 I/O다. 그리고 연속되지 않은 여러 데이터에 접근하는 것은 랜덤 I/O다.

그런데 가상 머신의 경우 3.2.1절에서 설명한 I/O 블렌더를 고려해야 한다. 예를 들면, 여러 가상 머신에서 I/O가 동시에 발생했다. 그때 각 가상 머신에서 해당 I/O가 순차 I/O로 발생됐어도 실제로 스토리지에서는 랜덤 I/O가 된다. 이 순차 I/O는 초당 처리할 수 있는 처리량이 중요하므로 스루풋을 중요시한다. 한편 랜덤 I/O는 초당 트랜잭션 수가 중요하므로 IOPS를 중요시한다.

다음은 스루풋과 IOPS의 이해를 더하기 위한 예시다.

스토리지 드라이브에는 SSD와 HDD 말고도 테이프가 있다. 테이프는 데이터를 읽고 쓸 때 읽고 쓰는 위치를 특정하기 위해서 테이프를 빨리 감거나 되감는다. 테이프는 이런 특징을 갖고 있기 때문에, 먼저 읽고 쓸 위치를 특정하고 연속된 위치에 데이터를 읽고 쓰는 시퀀셜 I/O에 강하고 빠른 스루풋 성능을 자랑한다.

HDD보다 더 빠른 스루풋을 내는 테이프도 있다. 그러나 테이프는 연속되지 않은 위치에 읽고 쓰기를 하는 랜덤 I/O가 극단적으로 낮다. 따라서 IOPS는 HDD에 비해 엄청 낮다. 테이프는 스루풋과 IOPS의 성능 차가 극단적으로 나타나는 예시지만 스토리지 내부 구조에 따라 스루풋과 IOPS 중 어느 것에 강한 스토리지가 될지는 달라질 수 있다.

만약 성능을 모니터링해서 애플리케이션이나 서버에서 볼 때 예상보다 I/O 성능이 나오지 않는다면 스루풋에 강한 스토리지인지 IOPS에 강한 스토리지인지를 파악해 선택한다.

다음으로 오퍼레이션 성능 모니터링이다.

오퍼레이션 성능 모니터링은 볼륨 생성 등 관리 조작의 빈도가 적다면 중요하지 않다. 관리 조작이 적을 때는 특별히 큰 문제가 일어나지는 않는다. 하지만 단시간에 많은 관리 조작을 한다면 모니터링하는 게 좋다.

특히 많은 볼륨을 생성하는 등 관리 API를 간단히 호출할 수 있는 쿠버네티스와 같은 환경에서 이용할 때는 모니터링하는 게 좋다. 관리 조작을 병렬 처리하지 않고 하나씩 처리하므로 시간이 걸리는 스토리지도 있다. 그래서 여러 볼륨을 생성하는 등 관리 조작을 한 번에 호출했을 때 예상보다 많은 시간을 필요로 한다. 그 결과 처리가 타임아웃돼 볼륨 생성에 실패해서 애플리케이션을 스케일 아웃하지 못하는 등의 장애가 일어날 수 있다. 대량으로 호출된 관리 조작이 타임아웃되지 않도록 모니터링한다.

5.5.3 용량/비용 모니터링

용량/비용 모니터링은 스토리지 기기의 증설이나 볼륨 용량의 확장 등에 필요하다. 용량 모니터링은 주로 볼륨을 중심으로 한다. 볼륨의 용량이 부족하지 않은지 모니터링한다. 특히 2.1.2절의 'thick provisioning과 thin provisioning'에서 설명한 thin provisioning을 사용했을 때는 볼륨 용량과 드라이브 용량을 모니터링해야 한다.

만약 드라이브 용량이 부족한데 볼륨에 쓰기가 발생하면 드라이브를 할당할 수 없게 된다. 이런 사태를 방지하기 위해 드라이브의 남은 용량이 줄었음을 알 수 있도록 임곗값을 설정해 모니터링한다. 또한 리눅스나 유닉스에서 블록 스토리지나 파일 스토리지를 이용할 때 파일 시스템의 inode 수도 모니터링한다.

2.2.1절에서 설명한 것처럼 inode는 파일 시스템마다 최대 개수가 정해져 있어 파일 수나 크기에 따라 소모된다. 그러므로 볼륨의 남은 용량이 충분하더라도 inode가 부족하면 파일을 생성할 수 없다. inode가 부족함을 알 수 있도록 임곗값을 설정해 모니터링한다.

비용 모니터링은 컨트롤러와 볼륨으로 구분하여 접근해야 한다. 또한 비용에 관한 모니터링 항목은 스토리지로부터 직접 그 값을 얻을 수 없으므로 시뮬레이션이 필요하다.

컨트롤러는 컨트롤러의 구입가를 접근하는 클라이언트 수로 나눠 클라이언트당 비용을 시뮬레이션한다. 각 클라이언트에서 접근하는 수가 크게 다를 때는 I/O 수를 곱한 값으로 시뮬레이션한다. 하지만 이 컨트롤러 비용은 컨트롤러 한 대당 클라이언트 수가 크게 변동되지 않는 경우라면 세세히 모니터링하지 않아도 된다.

한편 볼륨 비용은 일정 간격으로 모니터링해야 한다. 볼륨을 구성하는 드라이브의 단가는 대부분 스토리지를 구입할 때 정해진다. 단순한 계산 예시로, 볼륨을 구성하는 드라이브의 단가(단위 용량당 단가)와 볼륨 용량을 곱해서 볼륨당 가격을 시뮬레이션할 수 있다.

그러나 볼륨의 경우 해당 볼륨을 몇 년 동안 사용할 것인지 고려해야 한다. 대부분 빠른 드라이브는 비싸다. 당연히 큰 볼륨을 빠른 드라이브로 구축했을 때의 비용은 높다. 이 비싼 볼륨에 자주 접근한다면 괜찮지만 서서히 접근 빈도가 줄어든다면 비싼 비용에 걸맞지 않게 된다.

그럴 땐 성능은 낮지만 드라이브 단가가 저렴한 볼륨으로 데이터를 이전하면 과도한 비용이 들지 않는다. 즉, 비용 모니터링에서 중요한 건 단순히 비용을 시뮬레이션해서 표시하는 게 아니라 예산을 고려한 임곗값을 설정해 모니터링하는 것이다.

5.5.4 사용자 관점의 모니터링 설계

사용자 관점의 모니터링 설계에서 중요한 점을 소개한다.

상태 모니터링

스토리지의 각 요소에 대한 세세한 상태 모니터링은 중요하지 않다. 사용자 입장에서는 서버가 스토리지에 접근할 수 있는지가 중요하다. 각 요소의 상태를 종합하여 스토리지의 상태로서 모니터링하는 걸 권장한다.

만약 스토리지의 어떤 포트가 멈추더라도 스토리지 내부에서 다른 포트로 자동으로 전환됐다면 문제가 되는 경우는 적다. 또한 이중화된 요소 중 한 쪽이 멈추거나 이상한 상태를 보이더라도 사용자는 아무것도 하지 못하고 복구되기를 기다릴 수밖에 없는 경우도 많다.

서버가 스토리지에 접근할 수 있는 상태임에도 불구하고 괜히 모니터링 항목으로 표시함으로써 불안을 부추기지는 않았는지 주의한다. 그러나 앞서 말한 것처럼 RAID 등의 자동 복구 중에 볼륨의 성능이 저하되는 디그레이드에 대해서는 사용자가 성능 저하의 원인을 조사할 때 힌트가 되므로 모니터링하는 걸 권장한다.

성능 모니터링

사용자 관점에서 중요한 건 서버나 애플리케이션에서 본 스토리지의 성능이다. 따라서 주로 서버에서 얻은 성능값을 모니터링한다.

용량/비용 모니터링

용량 모니터링은 서버나 애플리케이션이 이용하는 볼륨의 용량이 부족하지 않은지 모니터링한다. 또 파일 시스템의 모니터링으로 inode의 모니터링도 권장한다.

5.5.3절에서 설명한 thin provisioning 볼륨에서 드라이브의 남은 용량 모니터링은 사용자 관점에서는 필요가 없다. 만약 드라이브가 부족해졌다고 해도 관리자가 증설하는 걸 기다려야 하기 때문이다. 사용자 관점의 비용 모니터링에서는 볼륨 비용이 핵심이다. 서버나 애플리케이션이 이용하는 볼륨이 적절한 가격인지 모니터링한다.

또한 대부분의 공개형 클라우드는 드라이브 종류에 따른 용량 과금제를 채택한다. 특히 공개형 클라우드를 이용할 때는 필요 이상으로 비용이 들지는 않았는지 정기적으로 확인한다.

5.5.5 스토리지 관리자 관점의 모니터링 설계

스토리지 관리자 관점의 모니터링 설계에서 중요한 점을 소개한다.

상태 모니터링

스토리지 각 요소의 세세한 상태를 모니터링하는 게 중요하다. 만약 이중화 구성 상태에서 어떤 한 요소에 장애가 발생해 자동으로 전환돼 서비스를 이어갈 수 있더라도 장애가 발생한 요소를 빨리 교체해야 한다. 그렇지 않으면 또 다시 장애가 발생했을 때 자동으로 전환할 수 없어 서비스가 중단될 우려가 있다.

이런 상황을 만들지 않기 위해서 스토리지 관리자는 장애가 발생한 요소를 재빨리 알아차릴 수 있도록 알람을 설정해 모니터링한다. 또한 사용자 관점의 모니터링과 마찬가지로 RAID 등의 자동 복구 중에 볼륨의 성능이 저하되는 디그레이드에 대해서는 사용자가 성능 저하의 원인을 조사할 때의 힌트가 되므로 모니터링하는 걸 권장한다.

성능 모니터링

스토리지 관리자 관점에서 중요한 건 제공 중인 볼륨의 I/O 성능이 사용자가 요구하는 성능을 만족하는지 여부다. 또한 노이지 네이버를 일으키지 않았는지도 중요하다. 제공 중인 볼륨의 성능이 사용자가 요구하는 성능을 초과하기 전에 대책을 강구할 수 있도록 여유가 있는 임곗값으로 알람을 설정해 모니터링하는 걸 권장한다.

노이지 네이버 모니터링은 스토리지에 있는 모든 볼륨을 나열해 시간 순으로 성능을 모니터링한다. 어떤 볼륨에 대한 접근이 늘어난 시점에 다른 볼륨의 성능이 저하됐다면 노이지 네이버가 발생했을 가능성이 있다. 노이지 네이버를 정기적으로 확인해서 의심이 될 때는 원인 조사나 대책을 강구한다.

노이지 네이버에 대한 대응으로 가끔 스토리지의 스케일 업이나 데이터의 이관을 요구하기도 한다. 이는 대부분 대응에 많은 시간이 필요하다. 노이지 네이버를 알아채지 못해 사용자에게 영향이 나타나기 시작한 뒤 급히 대응하게 됐을 때는 취할 수 있는 대책이 적어 그 순간만을 모면하는 대책을 취하기 쉽다. 이를 방지하기 위해서라도 노이지 네이버를 쉽게 알아차릴 수 있도록 모니터링용으로 적절한 그래프를 준비한다.

또한 쿠버네티스와 같이 관리 조작이 빈번하게 호출되는 환경에서 스토리지를 이용할 때는 오퍼레이션 성능도 모니터링한다. 오퍼레이션 성능을 향상시키려면 관리 API에 할당한 자원(CPU나 메모리 등)을 보강하는 등의 수단이 있지만 안타깝게도 효과가 없는 경우도 있다. 그럴 때는 스토리지의 대수를 늘리는 등 작업이 커지며 시간도 많이 든다. 따라서 시간적인 여유를 갖고 대응할 수 있도록 오퍼레이션 성능도 정기적으로 모니터링하는 것을 권장한다.

용량/비용 모니터링

스토리지 관리자 관점에서는 스토리지 풀을 중심으로 용량을 모니터링하는 것을 권장한다. 스토리지 풀로부터 생성된 볼륨의 총 용량이나 그 증가 경향, 스토리지 풀 내의 드라이브 총 용량이나 그 남은 용량을 모니터링해 스토리지 풀의 남은 용량이 부족하지 않도록 한다. 특히 thin provisioning을 이용할 때 스토리지 풀의 남은 용량이 부족하면 사용자가 이용하는 볼륨에서 데이터의 쓰기를 할 수 없게 된다.

또한 스토리지 풀의 남은 용량을 늘리기 위해서 드라이브를 증설하려고 해도 예비 드라이브가 수중에 없다면 제조사에 주문해야 하므로 시간이 든다. 그렇기에 볼륨 용량의 증가 경향도 파악해서 드라이브를 언제 주문하면 스토리지의 남은 용량이 부족해지지 않을지 가늠한다. 그리고 그에 맞춰 임곗값과 알람을 설정해 스토리지 풀의 용량 부족이 일어나지 않도록 한다.

스토리지 관리자 관점에서 비용 모니터링은 각 사용자의 볼륨 단가를 확인하기보다 주로 스토리지의 증설이나 신규 도입에 참고 정보로 삼는 경우가 많다. 따라서 비용 면에서는 중장기적인 관점의 모니터링이 필요하다.

스토리지의 이용 상황에 대해서는 볼륨 수의 증가율, 컨트롤러의 부하 상태 그리고 사용자가 요구하는 성능에 대해 어느 정도 여유를 갖고 제공되는지 모니터링한다. 일상적인 세세한 변화보다도 이런 모니터링을 통해 얻은 통계적인 값이 증설이나 신규 도입에 참고가 된다. 또한 이런 모니터링 항목들은 일상적인 운용이 아닌 증설이나 신규 도입 시점에 필요하므로 평소에 모니터링하는 그래프와는 별개로 관리한다.

5.6 암호화 설계

스토리지를 안심하고 이용하도록 하려면 정보 유출에 대비해 암호화를 검토하는 것도 중요하다. 특히 기업에서 정보 유출은 신뢰 문제로 이어진다.

하지만 스토리지의 암호화 기능을 이용하면 대부분 성능이 크게 떨어진다. 그렇기에 무턱대고 모든 데이터를 암호화하는 게 아니라 성능을 희생해서까지 암호화를 해야 하는지 충분히 검토한 후 암호화를 해야 한다.

또한 지금부터 설명하는 암호화를 아무리 완벽하게 하더라도 정보 유출의 위험은 없앨 수 없다. 스토리지를 완벽하게 암호화해도 암호화된 스토리지를 통째로 도둑맞을 수도 있고 낡은 스토리지를 폐기하는 사람(관리자, 폐기업자, 제조사 등)이 악의를 갖고 정보를 유출할 수도 있다.

이처럼 스토리지 도난이나 폐기에도 대응할 수 있도록 스토리지의 설치 장소에 방범 대책을 세우거나 폐기 절차와 계약 면에서도 위험이 없는지 충분히 검토한다.

완벽하지 않더라도 스토리지의 암호화를 검토하고 설계하는 것은 중요하다. 우선 스토리지 암호화 검토와 설계는 크게 세 가지로 나눌 수 있다. 데이터 플레인/컨트롤 플레인의 통신로 암호화, 저장된 데이터 암호화, 백업 암호화다.

5.6.1 통신로 암호화

스토리지 통신로에는 1.6절에서 설명한 것처럼 데이터 플레인과 컨트롤 플레인이 있다. 데이터 플레인은 애플리케이션의 데이터가 흐르는 통신로고, 컨트롤 플레인은 관리 소프트웨어의 데이터가 흐르는 통신로다.

이 통신로는 암호화를 해야 한다. 통신로가 보호되지 않으면 스토리지나 서버에 데이터가 도착하기 전에 데이터를 훔치거나 변조해 잘못된 데이터를 저장하게 될 수 있으며 바이러스가 포함되기도 한다.

그렇기에 통신로 암호화는 악의적인 사용자가 네트워크의 패킷을 훔치거나 변조하는 것을 막는 데 효과적이다.

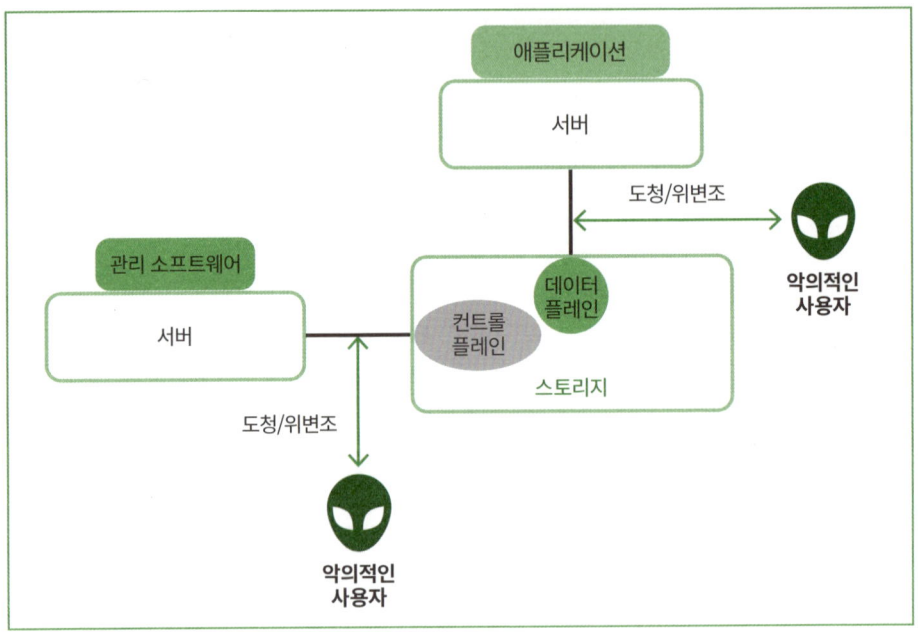

그림 5-18 통신로 위협

데이터 플레인 암호화

데이터 플레인 암호화는 데이터 플레인 프로토콜마다 방식이 다르다. 여기서는 대표적인 iSCSI, NFS, SMB를 다룬다.

1 iSCSI

iSCSI에는 암호화 기능이 없으므로 IPsec 등 IP 패킷을 암호화하는 기능을 이용해 암호화한다. 하지만 IPsec를 이용하면 필자가 아는 한 40% 이상 I/O 성능이 저하되는 스토리지도 있기에 도입할 때는 성능을 잘 고려해야 한다.

또한 암호화는 아니지만 대개 iSCSI 세션에는 사용자 인증 및 인가가 없고, 스토리지에 접근하는 서버 단위(IQN 단위)로 인가한다.

만약 2.1.3절에서 설명한 경로 설정만으로는 불안하다면 **점대점 프로토콜**Point-to-Point Protocol, PPP 등에서 자주 이용하는 **챌린지-핸드셰이크 인증 규약**Challenge-Handshake Authentication Protocol, CHAP **인증**을 갖춘 스토리지도 있으므로 같이 설정하면 좋다.

2 NFS

NFS는 기본적으로 암호화하지 않는다. 따라서 데이터를 암호화하려면 **커버로스**Kerberos **인증**을 사용하며, 인증 및 인가와 더불어 데이터를 암호화하는 기능을 가진 스토리지가 많다.

또한 NFSv4 이상에서는 RPCSEC_GSS 커널 모듈의 일부에 커버로스 인증이 포함됐다. NFS에서 암호화를 할 때는 NFSv4 이상을 이용하면 좋다.

3 SMB

SMB는 **SMB 암호화 기능**을 이용한다. SMB 암호화 기능을 활성화하는 방법은 스토리지에 따라 다르므로 상세한 내용은 스토리지의 기술 문서를 참고한다.

또한 SMB 암호화 기능을 이용할 때는 스토리지뿐만 아니라 연결하는 서버의 OS(윈도우)가 SMB 암호화를 지원해야 한다. 윈도우 서버 2012 및 윈도우 8 이후의 윈도우 클라이언트에서는 SMB 암호화 기능이 지원된다.

여기서는 해킹 당하기 쉬운 IP 네트워크를 이용하는 프로토콜을 중심으로 설명했다. 이 외에도 FC처럼 한정된 서버에서만 연결되는 해킹하기 어려운 네트워크를 이용하는 것도 데이터를 지키는 수단 중 하나다.

컨트롤 플레인 암호화

대부분의 컨트롤 플레인은 HTTP/HTTPS 프로토콜을 이용한다. 1.6절에서 소개한 SMI-S나 Swordfish도 HTTP/HTTPS 기반의 프로토콜이다. 따라서 컨트롤 플레인을 암호화할 때는 TLS로 암호화된 HTTPS 프로토콜을 이용한다.

독자적인 컨트롤 플레인 프로토콜을 채택한 스토리지는 각 스토리지의 기술 문서를 참고한다.

5.6.2 저장 데이터 암호화

통신로 암호화에 이어 저장되는 데이터의 암호화를 설명한다.

저장되는 데이터를 암호화할 수 있는 곳은 여럿 있다. 저장 데이터를 암호화할 수 있는 위치를 그림 5-19에 나타냈다.

하지만 모든 애플리케이션, OS, 스토리지의 모든 위치에서 암호화를 하는 건 불가능하다. 이용하는 애플리케이션, OS, 스토리지에 따라 어느 위치에서 암호화하는 게 적합한지 검토한다.

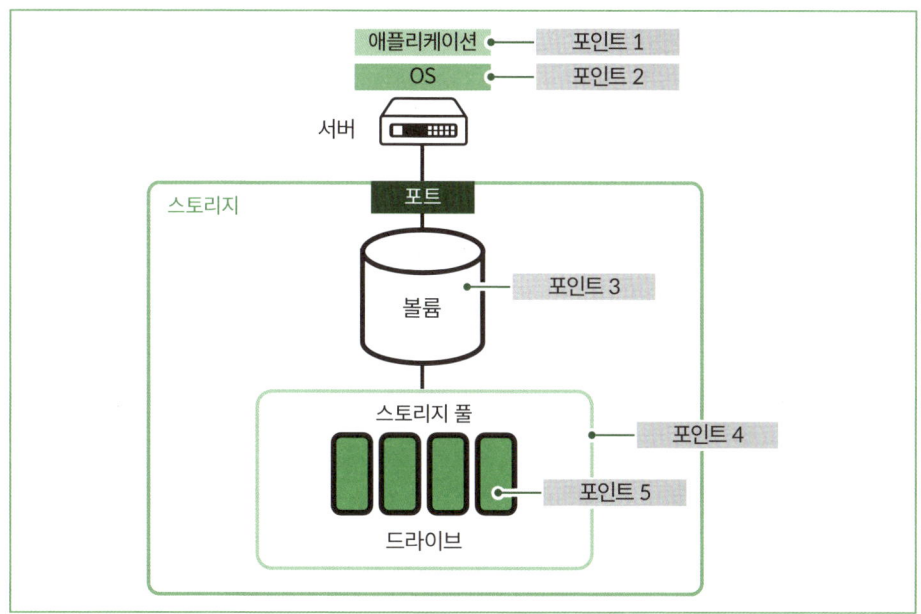

그림 5-19 저장 데이터를 암호화할 수 있는 위치

또한 여러 위치에서 암호화하는 것도 가능하지만 암호화하는 위치가 늘어나면 늘어날수록 성능이 저하되므로 주의한다.

애플리케이션/OS 암호화

먼저 애플리케이션/OS의 암호화를 설명한다.

애플리케이션에 따라서는 애플리케이션 자체가 데이터를 저장할 때 암호화하는 것도 있다. 하지만 대부분 애플리케이션은 기본적으로 암호화 기능을 활성화하지 않으므로 주의해야 한다. 데이터 암호화를 할 수 있는지는 각 애플리케이션의 기술 문서를 참고한다.

OS에서의 암호화는 리눅스의 **LUKS**Linux Unified Key Setup-on-disk-format와 윈도우의 **비트로커**BitLocker 암호화 기능이 유명하다. 모두 OS에서 인식되는 볼륨 단위로 암호화를 할 수 있다.

볼륨/스토리지 풀 암호화

다음으로 스토리지 내부에서 이뤄지는 암호화를 설명한다.

스토리지 내부에서 이뤄지는 암호화에는 볼륨 단위와 스토리지 풀 단위의 암호화가 있다. 두 가지 모두 스토리지 컨트롤러의 CPU나 메모리와 같은 자원을 소비해서 암호화한다. 스토리지 전체를 암호화할 때는 스토리지 풀 단위로 암호화하고, 특정 볼륨에 대해서만 암호화할 때는 볼륨 단위로 암호화한다.

한 종류의 암호화만 지원하는 스토리지도 있기에 이용하는 스토리지의 기술 문서를 참고하여 적절히 선택한다. 또한 SDS의 경우 범용 서버의 BIOS에 있는 디스크 암호화 기능을 활용하는 방법과 바로 앞에서 설명한 OS 암호화 기능을 이용하는 방법도 있다.

드라이브 암호화

스토리지 컨트롤러의 CPU나 메모리를 소비하지 않고 SSD나 HDD 드라이브 자체가 암호화를 지원하는 것도 있다. 이런 드라이브를 **자체 암호화 드라이브**self-encrypting drive, SED 라고 한다. 자체 암호화 드라이브는 드라이브에 데이터를 저장할 때 암호화하며, 데이터를 꺼낼 때 복호화한다.

이 드라이브의 암호화에는 제조사의 독자적인 사양도 있지만 TCG Trusted Computing Group가 제정하는 **Opal**이라고 하는 자체 암호화 드라이브의 표준 규격도 있다. 자체 암호화 드라이브는 성능을 저하시키지 않으면서 데이터를 암호화해 저장할 수 있는 가장 좋은 방법이지만 단점도 있다. 가장 큰 단점은 기본적으로 전원이 켜져 있으면 암호화 잠금이 풀린 상태가 되므로 악의를 가진 사람이 전원이 켜진 상태로 드라이브를 다른 시스템에 이동했을 때는 데이터 유출을 막을 수 없다는 것이다.

또한 이용하는 스토리지가 자체 암호화 드라이브를 지원하지 않는 경우도 있으므로 스토리지를 구입하기 전에 확인해야 한다.

5.6.3 백업 암호화

5.6.1절과 5.6.2절에서 소개한 수단으로 스토리지를 암호화해서 데이터를 보호한다고 해도 안심할 수 없다. 백업 데이터도 잊지 않고 암호화를 해야 한다. 악의적인 사용자는 백업된 데이터를 제일 먼저 노린다고 한다.

그림 5-20에 백업에 관한 위험을 나타냈다.

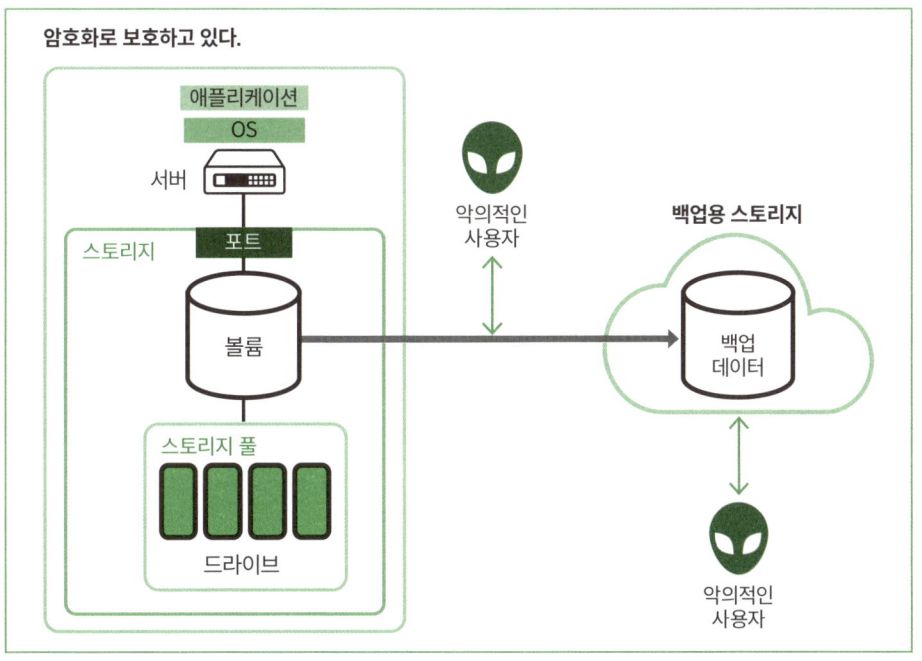

그림 5-20 백업에 관한 위험

백업을 할 때는 마찬가지로 백업 데이터뿐만 아니라 통신로도 검토하며, 백업에 스토리지의 복제 기능이나 백업 전용 소프트웨어를 많이 이용한다. 또한 백업 스토리지로 공개형 클라우드 서비스를 많이 이용한다. 이때 복제 기능이나 백업 전용 소프트웨어가 암호화 기능을 지원하는지 백업용 스토리지가 암호화돼 있는지 등 어느 위치가 암호화돼 있는지 파악해야 한다.

만약 지원되지 않는 요소가 있다면 앞에서 소개한 암호화 기능과 조합해 데이터를 안전하게 지키는 것을 권장한다.

> **TIP**
>
> 암호화 말고도 데이터의 변조나 삭제를 방지하는 방법으로 **WORM**write once read many(한 번 쓰고 많이 읽기) 기능이 있다. 쓰기는 한 번만 되고 읽기는 몇 번이고 가능하다.

WORM은 대부분 법령으로 몇 년간 보존해야 하는 데이터에 이용한다. WORM을 구현하는 방법은 그림 5-21에 나타낸 것처럼 몇 가지가 있다.

(1) 파일/오브젝트 단위

```
-r--r--r--   1  root   0   7   17   15:53   example.txt
```
파일 권한으로 read only를 설정
※파일 예시

(2) 볼륨 단위

볼륨 1(Vol 1)

#		Vol의 LBA	물리 드라이브의 LBA	권한
Vol 1	데이터 A	0000-0100	SSD1: 0000-0100	read only
Vol 1	데이터 B	1000-1100	SSD2: 0000-0100	read only

스토리지 풀
드라이브

(3) 드라이브(매체) 단위

CD-R

DVD-R

BD-R

그림 5-21 WORM 구현 방법

맨 처음 방법은 파일/오브젝트 단위로 구현하는 것이다. 이 방법은 파일 스토리지나 오브젝트 스토리지에서 이용한다. 파일/오브젝트 단위로 WORM을 구현할 때 파일 스토리지의 파일 시스템이나 오브젝트 스토리지의 키-값 저장 방식의 데이터베이스에서 권한을 설정한다.

이 방법의 장점은 파일 단위로 WORM을 구현할 수 있다는 것이다. 하지만 파일/오브젝트의 소유자라면 권한을 쉽게 변경할 수 있는 제품도 많으므로 주의해야 한다.

그다음 방법은 볼륨 단위로 구현하는 것으로 블록 스토리지에서 많이 이용한다. 또한 내부에서 이용하는 블록 스토리지의 볼륨 단위로 WORM 기능을 이용하는 파일 스토리지나 오브젝트 스토리지 제품도 있다. 이 방법은 볼륨을 관리하는 논리-물리 매핑 테이블로 권한을 관리한다.

마지막 방법은 드라이브 단위로 구현하는 것이다. 드라이브마다 WORM을 설정할 수 있는 스토리지도 있지만 CD-R, DVD-R, BD-R처럼 WORM의 특성을 가진 드라이브 매체도 있다. 장기 보존을 목적으로 하는 스토리지라면 이런 매체를 이용할 수 있다.

이 방법은 매체의 특성상 데이터를 변조하거나 제거할 수 없기 때문에 매우 강력하다. 하지만 지원하는 스토리지가 적으며 때로는 특수한 운용 방법이 필요하다는 단점도 있다.

또한 첫 번째, 두 번째의 경우에 **data retention**(데이터 보존)이라는 값을 설정할 수 있는 것도 있다. data retention은 어떤 기간이나 특정 이벤트가 발생할 때까지 읽기만 가능하도록 WORM 기능을 제어한다.

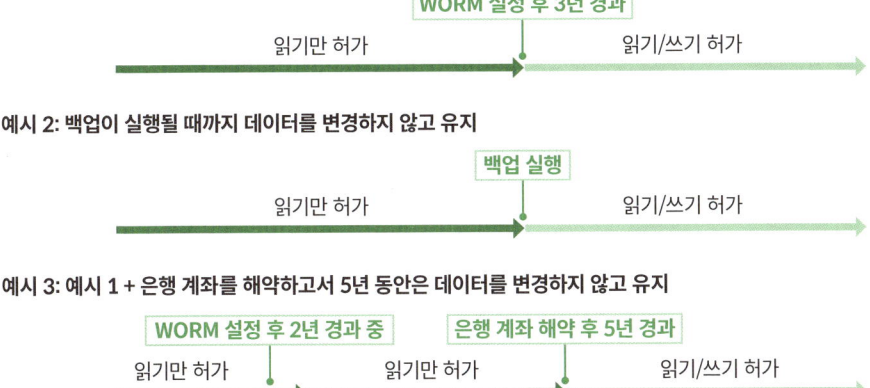

그림 5-22 data retention 예시

예시 1에서는 '3년 동안 데이터를 변경하지 않는다'라는 꽤 단순한 기간을 지정한다. 이렇게 설정하면 3년이 경과했을 때 WORM이 해제돼 read/write가 가능해진다.

예시 2에서는 '백업이 실행될 때까지 데이터를 변경하지 않는다'라는 정책을 설정하는 등 이벤트를 지정한다. 이렇게 설정하고 백업이 실행되면 WORM이 해제돼 read/write가 가능해진다.

예시 3은 조금 복잡한데 이벤트와 시간 경과를 조합한다. 그림에서는 은행 계좌의 데이터를 예시로 했다. 은행 계좌의 거래 데이터는 예시 1과 마찬가지로 3년 동안 데이터를 변경하지 않고 보존한다는 정책이 설정되고, 더불어 은행 계좌가 해약됐을 때 해약 시점으로부터 5년 동안은 데이터를 변경하지 않고 보존해야 한다는 정책이 추가됐다고 가정했다.

이처럼 여러 정책이 설정돼 있고 WORM을 설정한 후 2년이 경과한 시점에서 은행 계좌를 해약했다고 하자. 이때 해약한 시점부터 추가로 5년의 WORM이 설정돼 5년 후에 read/write가 가능해진다. 최종적으로 이 데이터는 7년 동안 읽기만 가능한 상태가 된다. 이처럼 기간과 이벤트 두 가지를 요구 사항에 맞춰 조합해 데이터의 존재와 무결성을 확보한다.

5.7 미션 크리티컬 시스템을 위한 설계

미션 크리티컬mission critical 시스템이란 업무 수행(미션)을 위한 필수적 시스템이어서 실패하거나 간섭을 받으면 안 되는 시스템을 말한다. 미션 크리티컬 시스템에서 이용하는 스토리지의 대표적인 예시로 은행의 예금 데이터 등을 저장하는 스토리지가 있다.

이런 미션 크리티컬 시스템을 위한 스토리지는 무언가 특별한 기능을 갖고 있을 거라고 생각할 수 있겠지만 사실은 그렇지 않다.

물론 고성능 스토리지나 각 부품이 이중화된 스토리지를 이용하는 경우가 많으며 종종 꽤나 비싼 스토리지를 이용한다. 그러나 그런 스토리지를 그냥 도입하지는 않는다. 당연히 서버에서 스토리지까지의 경로를 이중화하는데, 그중에서도 가장 중요한 건 복제와 백업의 설계다.

미션 크리티컬 시스템용 스토리지는 실제 서비스에서 이용하는 볼륨보다도 복제나 백업된 볼륨이 더 많이 필요하다. 미션 크리티컬 시스템의 대표적인 예시로 은행 시스템의 스토리지 구성을 그림 5-23에 나타냈다.[2]

---

2   설명을 위해 시스템을 간단히 나타낸 그림이며 실제와는 다르다.

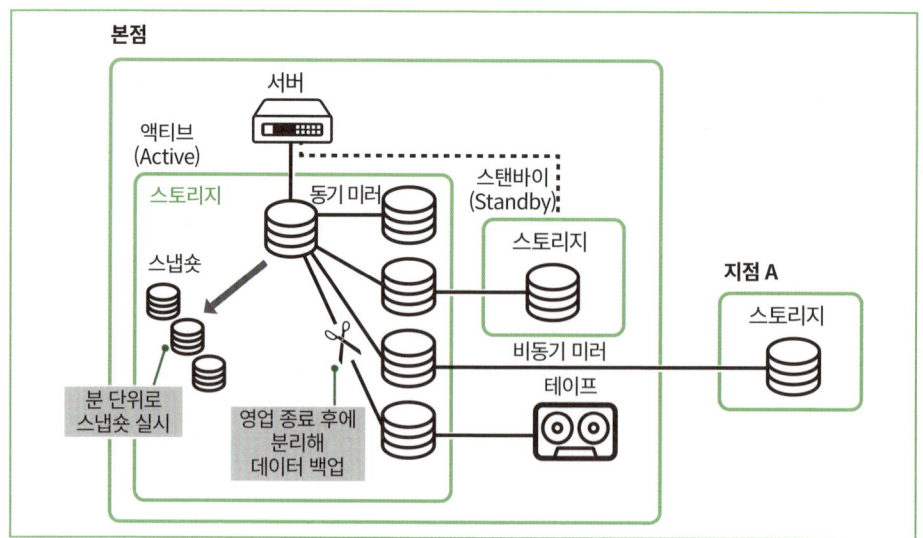

그림 5-23 미션 크리티컬 시스템용 스토리지의 구성 예시

우선 본점 서비스에서 이용하고 있는 스토리지 볼륨에는 **동기 미러**synchronous mirror가 여럿 설정돼 있다. 동기 미러 중 세 개는 장애가 났을 때 복구하기 위한 것으로, 로컬 스토리지 안에 두는 것, 같은 본점 안의 스탠바이 스토리지로 미러하는 것, 다른 거점에 있는 지점 A로 미러하는 것이 있다.

이 중 스탠바이와 지점 A의 미러는 네트워크 지연을 고려해 비동기 미러를 이용한다. 그리고 영업이 종료됐을 때 그날의 데이터를 장기 보존용 테이프로 백업하는 미러도 설정돼 있다. 또한 이 백업은 때때로 주나 월 단위로 결산 보고서를 작성하기 위한 배치 처리에서도 이용된다.

이 예시에서는 테이프로 백업하는데, 데이터가 변조되지 않도록 WORM이 설정된 장기 보존용 스토리지에 저장되기도 한다. 이 백업 데이터는 장애에 대한 대책뿐만 아니라 법정 감사나 법원에 자료로 제출하기 편한 매체에 저장한다.

그리고 장애에 대한 대책으로 분 단위로 스냅숏을 여럿 찍는다. 2.1.4절의 '스냅숏'에서 설명한 것처럼 보통 스냅숏 데이터를 복원하면 원본 볼륨의 성능에도 영향을 준다. 그러나 미션 크리티컬 시스템은 서비스에서 이용하는 원본 볼륨에 영향을 주지 않기 위해 동기 미러된 볼륨을 사용해서 복원하여 데이터를 복구한다.

이처럼 미션 크리티컬 시스템용 스토리지의 구성에서는 서버가 이용하는 볼륨의 뒤편에서 복제나 백업이 몇 단계로 이뤄진다. 당연히 이 같은 여러 복제나 백업을 실시하면 그 비용도 늘어난다.

그러므로 미션 크리티컬 시스템을 설계할 때는 비용과 내결함성의 균형을 맞춰야 한다.

> **TIP**
>
> '미션 크리티컬'과 비슷한 말로 '엔터프라이즈'가 있다. 미션 크리티컬과 **엔터프라이즈**enterprise는 엄밀하게 전혀 다른 개념이므로 주의해야 한다.
>
> 미션 크리티컬 시스템은 사업이나 조직의 생존에 필수적인 시스템을 말하는데, IT 분야에서 말하는 엔터프라이즈는 단순히 시장이나 제품 카테고리만을 나타낸다.
>
> 그렇기에 '엔터프라이즈 스토리지'라고 표기된 스토리지 제품은 '엔터프라이즈급 규모의 서비스에서 이용할 수 있는 스토리지', '엔터프라이즈급 기업에서 채택한 실적이 있는 스토리지', '엔터프라이즈급 가격대인 스토리지' 등 다양하다. 즉, 엔터프라이즈 스토리지가 반드시 미션 크리티컬 시스템에서 이용할 수 있는 스토리지라고는 할 수 없다.
>
> 엔터프라이즈 스토리지를 도입했다고 미션 크리티컬 업무에서 이용할 수 있다고 생각하는 건 위험하다. 실제로 미션 크리티컬 시스템에서 미드레인지mid-range 스토리지(엔터프라이즈 스토리지의 하위급)를 사용하는 경우도 많다. 특히 미션 크리티컬을 요구하는 시스템이라면 먼저 어느 정도 스토리지를 설계하고 요건을 정한 후 스토리지를 선정하는 게 좋다.

CHAPTER **6**
클라우드 네이티브와 스토리지

5장에서는 필자의 경험을 바탕으로 스토리지를 운영하고 관리하는 데 필요한 점을 소개했다. 이번 장에서는 2015년부터 자주 듣게 된 클라우드 네이티브 스토리지의 개념과 대표적인 구조를 소개한다.

클라우드 네이티브라는 개념은 2015년부터 유행하기 시작했다. 그러나 클라우드 네이티브라는 말을 들은 적은 있지만 무엇을 뜻하는지 모르는 사람이 많을 것이다.

이번 장에서는 클라우드 네이티브는 어떤 개념이고 어떤 장점이 있는지 그리고 클라우드 네이티브의 등장에 따라 계속 진화하는 스토리지를 설명한다.

6.1 클라우드 네이티브란?

클라우드 네이티브cloud native라는 개념은 시스템의 구성과 운용 관리 방식에 큰 충격을 줬다. 2015년에 설립돼 클라우드 네이티브의 다양한 활동을 견인하고 있는 **클라우드 네이티브 컴퓨팅 재단**Cloud Native Computing Foundation, CNCF이 정의하는 'Cloud Native Definition v1.1'[1]을 인용하여 설명한다.

> 클라우드 네이티브 기술은 조직이 퍼블릭, 프라이빗 그리고 하이브리드 클라우드와 같은 현대적이고 동적인 환경에서 확장 가능한 애플리케이션을 개발하고 실행할 수 있게 해준다. 컨테이너, 서비스 메시, 마이크로서비스, 불변(immutable) 인프라, 선언형(declarative) API가 이러한 접근 방식의 예시들이다.
>
> 이 기술은 회복성, 관리 편의성, 가시성을 갖춘 느슨하게 결합된 시스템을 가능하게 한다. 이를 견고한 자동화 기능과 함께 사용하면 엔지니어는 최소한의 노력으로 영향이 큰 변경을 자주 그리고 예측대로 수행할 수 있다.
>
> CNCF는 벤더 중립적인 오픈소스 프로젝트 생태계를 육성하고 유지함으로써 해당 패러다임 채택을 촉진한다. 우리 재단은 최신 기술 수준의 패턴을 대중화하여 이런 혁신을 누구나 이용할 수 있도록 한다.

이 정의에도 있듯이 클라우드 네이티브는 결코 공개형 클라우드만 목표로 하지 않는다. 공개형 클라우드, 폐쇄형 클라우드, 그 양쪽을 사용하는 혼합형 클라우드와 모든 형태의 클라우드가 목표다.

---

[1] https://github.com/cncf/toc/blob/main/DEFINITION.md#한국어

클라우드 네이티브 시스템에 공통적인 건 다양한 클라우드 네이티브한 방법을 사용해 '회복성, 관리 편의성, 가시성이 있는 느슨한 시스템'을 실현한다는 것이다. 클라우드 네이티브가 등장하기 이전의 시스템은 '어떤 장애가 발생하더라도 멈추지 않는 견고한 시스템'을 목표로 했다. 하지만 100% 멈추지 않는 시스템은 존재하지 않는다. 그리고 멈추지 않는 견고한 시스템을 목표로 하면 모든 기기나 부품을 이중화 구성해야 하며 꽤나 비용이 든다.

하지만 클라우드 네이티브는 다르다. 클라우드 네이티브는 '멈추지 않는 시스템'이 아닌 '멈춰도 재빨리 회복하는 시스템'에 중점을 두고 있다. 이런 시스템에 대한 패러다임의 전환이 클라우드 네이티브의 가장 중요한 점이라고 생각한다.

그리고 이렇게 재빨리 회복하는 시스템과 자동화 기술을 조합함으로써 운용 관리의 이상향이라고 할 수 있는 '최소한의 노력으로 영향이 큰 변경을 자주 그리고 예측대로 수행'함을 실현할 수 있게 된다.

이러한 꿈을 가진 클라우드 네이티브인데, 중요한 데이터를 저장하는 스토리지의 가치관과는 상반된다고 느끼는 사람도 많을 것이다. 사실 클라우드 네이티브 기술은 데이터를 갖지 않는 애플리케이션(스테이트리스 애플리케이션)을 목표로 서서히 그 영역을 넓혀 왔다.

하지만 그 이후 조금씩 적용 범위를 넓혀 현시점에는 데이터를 갖는 애플리케이션(스테이트풀 애플리케이션)의 대부분이 이 클라우드 네이티브를 지원한다. 게다가 이 개념은 애플리케이션뿐만 아니라 서버, 네트워크, 스토리지 등 인프라 장비의 관리나 설계로도 그 영역을 넓혀가고 있다.

> **TIP**
>
> 2012년에 제창된 모던 웹 애플리케이션이 갖춰야 할 모습을 언급한 'The Twelve-Factor App'[2]에서는 애플리케이션을 스테이트리스 프로세스로서 실행하기를 권장한다.
>
> The Twelve-Factor App을 따르면 데이터가 있는 애플리케이션과 데이터가 없는 애플리케이션을 명확히 구분하여 시스템을 설계해야 한다.
>
> 이런 사상을 바탕으로 설계된 스테이트리스 애플리케이션에서 클라우드 네이티브로의 도전이 시작돼 클라우드 네이티브의 개념이 퍼지게 됐다.

---

2   https://12factor.net

6.2 서비스 수준에 대한 접근 방식의 변화

클라우드 네이티브가 꿈꾸는 세상을 자세히 이해하기 위해서 서비스 수준에 대한 접근 방식의 변화를 소개한다.

서비스 수준을 고려할 때 중요한 건 가동률이다. 이 가동률은 **평균 무고장 시간**mean time between failure, MTBF와 **평균 회복 시간**mean time to failure, MTTF을 통해 계산한다.

가동률 = MTBF / (MTBF + MTTR)

MTBF는 고장 날 때까지 가동된 시간의 평균을 나타낸 값이며, MTTR은 고장 나서 복구될 때까지 걸린 시간의 평균값이다. 또한 이 '고장'에는 장애뿐만 아니라 버전 업그레이드 등의 계획된 작업에 의한 시스템 중단도 포함된다.

서비스 전체적으로는 무고장 시스템을 개발했어도 그걸 구성하는 개별 프로세스나 서버 단위로 보면 반드시 장애나 버전 업그레이드 등 다양한 이유로 중단된다. 만약 중단되지 않는 게 있다고 하면 버그나 보안에 문제가 있어도 업데이트조차 하지 않는 소위 '방치된 시스템'일 것이다. 이 방치된 시스템을 제외하면 거의 모든 시스템에서 개별 프로세스나 서버는 중단된다.

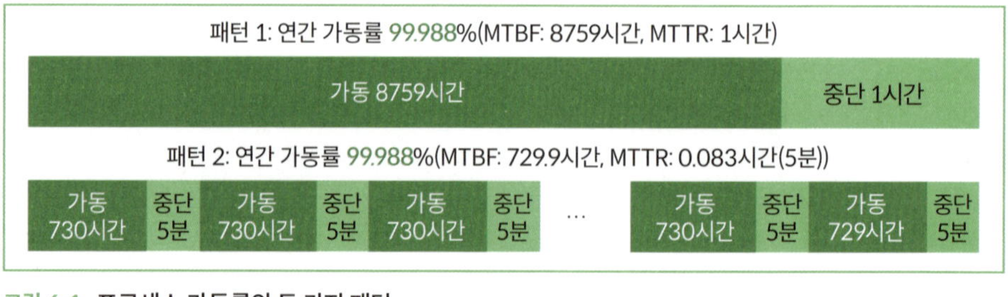

패턴 1: 연간 가동률 99.988%(MTBF: 8759시간, MTTR: 1시간)		
가동 8759시간		중단 1시간

패턴 2: 연간 가동률 99.988%(MTBF: 729.9시간, MTTR: 0.083시간(5분))

| 가동 730시간 | 중단 5분 | 가동 730시간 | 중단 5분 | 가동 730시간 | 중단 5분 | ... | 가동 730시간 | 중단 5분 | 가동 729시간 | 중단 5분 |

그림 6-1 프로세스 가동률의 두 가지 패턴

그림 6-1은 프로세스 연간 가동률의 두 가지 패턴을 설명한 그림이다.

패턴 1은 1년 동안 계속 가동돼 1년에 한 번 그리고 1시간만 중단되는 경우다. 버전 업그레이드 등을 1년에 한 번 실시하는 계획을 잡았다면 패턴 1에 해당한다. 이 패턴 1에서는 1년을 365일(=8760시간)로 하고 MTBF와 MTTR을 계산한다. 그러므로 MTBF는 8759시간, MTTR은 1시간이 돼 가동률은 99.988%다.

한편 패턴 2는 매월 한 번 5분 간 중단되는 경우다. 즉, 패턴 2는 매월 버전 업그레이드 등을 실시한다. 패턴 2에서는 버그가 발견돼도 곧바로 수정할 수 있다. 이 패턴 2의 MTBF와 MTTR을 계산하면 MTBF는 729.9시간, MTTR은 0.083시간이 돼 가동률은 99.988%다.

여기서 패턴 1과 패턴 2의 가동률을 비교하면 값이 똑같다. 클라우드 네이티브가 등장하기 이전의 시스템에서는 패턴 1의 개념으로 가동률을 설계했는데, 클라우드 네이티브 시스템에서는 패턴 2의 개념으로 가동률을 설계한다.

가동률은 같더라도 운용 방법과 목표가 크게 다르다. 패턴 1은 고장 나지 않는 시스템, 즉 높은 MTBF를 목표로 한 설계다. 이에 비해 패턴 2는 얼마나 재빨리 복구하는지, 즉 낮은 MTTR을 목표로 한 설계다.

이 MTTR을 낮게 하는 데 적합한 기술 중 하나가 4.1절에서 소개한 클라우드 네이티브 기술의 대표격인 컨테이너 쿠버네티스다. 하지만 컨테이너 쿠버네티스를 사용한 시스템이라고 해서 클라우드 네이티브라고는 할 수 없다. 또한 가상 머신 등의 기술을 사용해 클라우드 네이티브 시스템을 실현할 수도 있다.

컨테이너 쿠버네티스는 어디까지나 클라우드 네이티브 시스템을 실현하는 데 편리한 기능을 갖춘 것에 지나지 않는다.

6.3 스테이트풀 애플리케이션의 보급

이전 절에서 설명한 패턴 2의 운용 방식을 채택하고 싶은 애플리케이션은 **스테이트리스 애플리케이션**stateless application뿐이라고 생각할 수 있는데 사실 그렇지 않다.

버전 업그레이드 때 발생할 수 있는 문제를 우려해 **스테이트풀 애플리케이션**stateful application은 되도록 업그레이드를 하지 않았으면 좋겠다고 생각하는 사람도 있을 것이다. 하지만 데이터베이스를 비롯한 데이터를 가진 애플리케이션인 스테이트풀 애플리케이션도 계속 진화하고 있다. 스테이트풀 애플리케이션이라고 해서 버그가 발견돼도 1년에 한 번만 업그레이드를 하는 건 도저히 용납되지 않는다. 소중한 데이터를 가진 스테이트풀 애플리케이션이야말로 더욱 안심하고 안전하게 가동돼야 한다.

즉, 클라우드 네이티브의 개념에 따라 스테이트풀 애플리케이션을 운용하지 않을 이유가 없다.

클라우드 네이티브 컴퓨팅 재단이 2020년에 공개한 보고서 <CNCF SURVEY 2020>[3]에 의하면 전 세계에서 컨테이너화된 스테이트풀 애플리케이션을 프로덕션 환경(실제 서비스 환경)에서 이용하는 건 55%라고 한다. 2020년 시점에서 이미 절반을 넘은 것이다.

여기서 과거로 잠깐 돌아가보자.

가상화 기술인 가상 머신이 등장하기 시작했을 때만 해도 '가상 머신에서 스테이트풀 애플리케이션(데이터베이스)을 돌리다니 말도 안 돼'라는 의견이 대다수였다. 필자도 당

---

[3] https://www.cncf.io/wp-content/uploads/2020/11/CNCF_Survey_Report_2020.pdf

시에 주위 사람들로부터 몇 번이고 이런 의견을 들었다.

그러나 10년 이상이 지난 2023년에는 '가상 머신에서 스테이트풀 애플리케이션(데이터베이스)을 돌리는 건 당연한 일'로 바뀌었다. 즉, 현 시점에서 스테이트풀 애플리케이션을 클라우드 네이티브의 개념으로 운용하지 않더라도 몇 년 후에는 클라우드 네이티브화돼 있을 가능성이 크다.

이처럼 장점과 전 세계의 이용률 그리고 역사를 통해 보더라도 클라우드 네이티브의 개념이 스테이트풀 애플리케이션에 퍼지는 건 자연스러운 일이다. 이 절에서는 데이터를 다루는 스테이트풀 애플리케이션에서 클라우드 네이티브의 개념이 확산된 상황을 설명했다. 다음 절부터는 데이터를 저장하는 스토리지에 대한 클라우드 네이티브의 개념을 설명한다.

6.4 클라우드 레디 스토리지와 클라우드 네이티브 스토리지

이전 절에서는 클라우드 네이티브의 개념과 데이터를 갖는 스테이트풀 애플리케이션의 보급을 살펴봤다. 이 절에서는 데이터를 저장하는 스토리지에 대한 클라우드 네이티브의 개념을 생각해보겠다.

2장에서 설명한 것처럼 스토리지도 다양한 기능을 갖고 있으며 그 대부분은 컨트롤러에서 작동하는 소프트웨어에 의해 구현된다. 그리고 컨트롤러에는 그런 소프트웨어들을 작동시키는 OS도 탑재돼 있다. 스토리지를 안심하고 안전하게 운용하려면 소프트웨어 업데이트는 필수다.

또한 급격한 액세스 증가에 의해 스토리지 규모를 확장해야 할 때도 많다. 그리고 스토리지에도 장애는 발생한다. 이러한 운용을 클라우드 네이티브의 개념으로 실시함으로써 효율화를 꾀하는 노력도 이어지고 있다. 그게 바로 **클라우드 네이티브 스토리지**cloud native storage다.

클라우드 네이티브 스토리지란 스토리지를 운용하는 관리자에게 '영향이 큰 변경을 최소한의 노력으로 자주 그리고 예측대로 수행한다'는 가치를 제공함으로써 관리 부하를 절감할 수 있다. 그러나 안타깝게도 클라우드 네이티브 스토리지라는 단어가 오해를 낳아 클라우드에서 이용할 수 있는 스토리지를 클라우드 네이티브 스토리지라고 홍보하는 제품도 적지 않다.

그러므로 클라우드에서 이용할 수 있는 스토리지와 클라우드 네이티브를 명확히 구별하기 위해 여기서는 '클라우드에서 이용할 수 있는 스토리지'를 **클라우드 레디 스토리지** cloud ready storage라고 부른다.

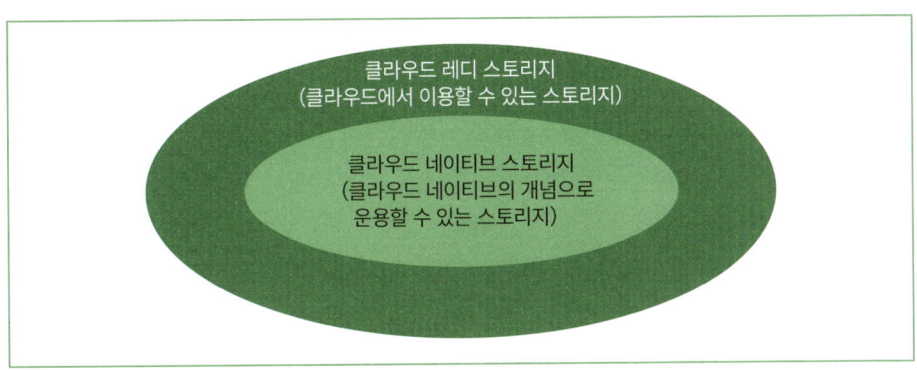

그림 6-2 클라우드 레디 스토리지와 클라우드 네이티브 스토리지

대부분의 공개형 클라우드 스토리지 서비스는 그 내부 구조를 공개하지 않는다. 따라서 어떤 공개형 클라우드의 스토리지가 클라우드 레디 스토리지인지 클라우드 네이티브 스토리지인지는 확신할 수 없다.

클라우드 네이티브 스토리지는 스토리지를 운용하는 관리자에게 이점을 제공한다. 즉, 애플리케이션에서 스토리지를 이용하는 사용자에게는 클라우드 레디 스토리지와 클라우드 네이티브 스토리지의 차이는 거의 없다. 그렇다면 어떻게 클라우드 레디 스토리지와 클라우드 네이티브 스토리지를 고르면 될까? 바로 스토리지 관리자의 운용 방식에 맞춰 선택하는 것이다.

클라우드 레디 스토리지와 클라우드 네이티브 스토리지 중 어느 것이 더 우수하다고는 할 수 없다. 6.2절에서 설명한 서비스 수준에 대한 접근 방식의 변화를 떠올려보자. 지금까지의 스토리지 관리는 아무래도 주저하며 위기 상황이 발생하지 않는 한 업그레이드를 하지 않는다는 방침을 세운 조직도 많을 것이다. 그런 조직에서는 그림 6-1의 패턴 1로 운용하게 된다. 이 패턴 1로 계속 운용한다면 클라우드 레디 스토리지로 충분하다.

반면 업그레이드를 자주해서 스토리지 내부의 소프트웨어나 OS의 최신 기능, 보안 패치를 하고 싶거나 애플리케이션의 액세스 빈도를 정확히 예측하지 못해 규모의 증감이 빈번할 때는 클라우드 네이티브 스토리지를 채택해 그림 6-1의 패턴 2로 운용하는 게 좋다. 물론 클라우드 레디 스토리지와 클라우드 네이티브 스토리지 모두 운용해도 문제되지 않는다. 조직에는 다양한 가치나 특징을 지닌 데이터가 있으므로 각 데이터에 따라서 클라우드 레디 스토리지와 클라우드 네이티브 스토리지 중 어느 것이 적합한지 결정한다.

중요한 건 이 클라우드 레디 스토리지와 클라우드 네이티브 스토리지의 개념 차이를 올바르게 이해하고, 데이터나 관리자 체계 및 문화 등을 고려해 스토리지를 선택해서 운용하는 것이다.

6.5 클라우드 네이티브 스토리지의 대표적인 구조

클라우드 네이티브 스토리지에 대한 이해가 더해졌을 것으로 생각하고 클라우드 네이티브 스토리지의 대표적인 구조를 설명하겠다.

지금까지 클라우드 네이티브 스토리지의 구조에 관해 딱히 정해진 구조나 명칭은 없다. 그래서 이 책에서는 대표적인 구조로 컨테이너화 스토리지와 쿠버네티스 네이티브 스토리지를 정의하며 각각을 설명한다.

6.5.1 컨테이너화 스토리지

우선 **컨테이너화 스토리지**containerized storage를 살펴보겠다. 그림 6-3에 컨테이너화 스토리지의 구조를 나타냈다.

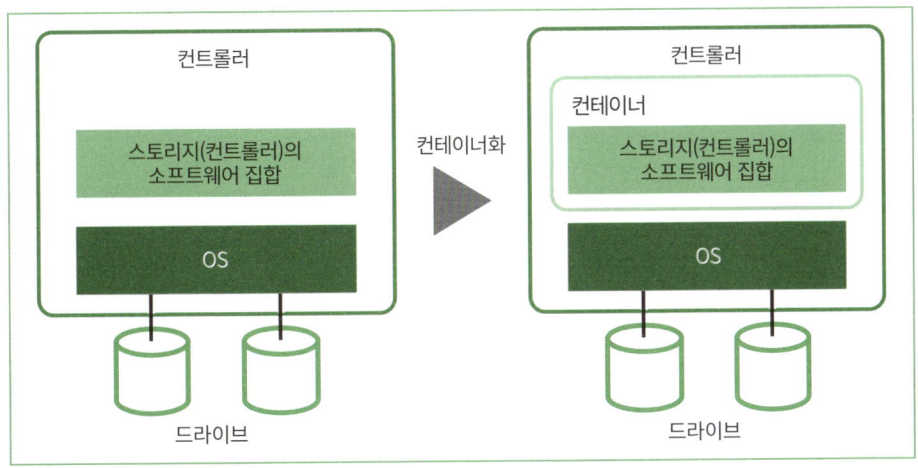

그림 6-3 컨테이너화 스토리지

컨테이너화 스토리지는 이름 그대로 컨테이너화된 스토리지다. 대부분의 컨테이너화 스토리지는 컨트롤러에서 작동하는 스토리지(컨트롤러)의 소프트웨어 집합을 컨테이너화한다.

독자 중에는 컨테이너화 스토리지가 SDS의 소프트웨어만으로 구성된 구조라고 생각하는 사람도 있겠지만 그건 오해다. 내부 컨트롤러에서 작동하던 소프트웨어 집합을 컨테이너화한 어플라이언스 스토리지도 등장하기 시작했다. 컨테이너화를 통해 소프트웨어 집합 내부의 라이브러리도 업그레이드하기 쉬워졌다.

또한 컨테이너화된 소프트웨어 집합을 컨트롤러 내부에서 작동시키는 것뿐만 아니라 공개형 클라우드상의 가상 머신에서도 작동시켜 폐쇄형 클라우드와 공개형 클라우드를 연동시킴으로써 **혼합형 클라우드**hybrid cloud를 실현할 수도 있다.

그림 6-4는 혼합형 클라우드에서의 적용 예시다.

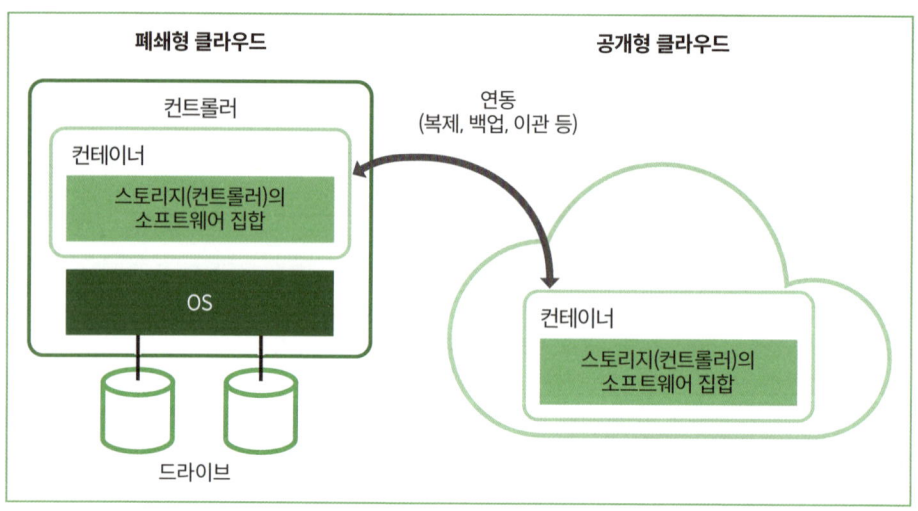

그림 6-4 혼합형 클라우드에서의 적용 예시

또한 사물인터넷Internet of things, IoT에서 자주 이용하는 소형 컴퓨터상에 이런 컨테이너화된 소프트웨어 집합을 작동시킴으로써 소형 컴퓨터와 폐쇄형 클라우드, 공개형 클라우드를 연동해주는 솔루션도 등장하기 시작했다.

스토리지 제조사 입장에서는 지금까지 운용 실적을 쌓아 신뢰할 수 있는 소프트웨어를 컨테이너화함으로써 하이브리드 클라우드용 솔루션을 낮은 비용과 신뢰성을 갖춰 제공할 수 있다는 장점이 있다.

6.5.2 쿠버네티스 네이티브 스토리지

쿠버네티스 네이티브 스토리지 Kubernetes native storage는 이름 그대로 쿠버네티스상에서 작동하는 스토리지다. 쿠버네티스 네이티브 스토리지는 쿠버네티스상에서 컨테이너화 스토리지를 파드로 실행한다. 이를 통해 쿠버네티스가 갖춘 롤링 업데이트에 의한 버전 업그레이드, 자가치유, 스케일 아웃/스케일 업 기능 등 쿠버네티스가 가진 기능을 사용해 스토리지를 관리한다.

또한 기본적인 버전 업그레이드 등의 조작에 대해 스토리지의 고유 명령어를 외울 필요 없이 쿠버네티스 명령어로 실행할 수 있는 스토리지가 많은 것도 특징이다. 그림 6-5에 쿠버네티스 네이티브 스토리지의 구성 패턴을 나타냈다.

또한 그림 6-5에는 노드의 내장 드라이브를 이용하도록 표현했는데, 외부 스토리지를 노드에서 마운트해 이용할 수 있는 쿠버네티스 네이티브 스토리지도 있다.

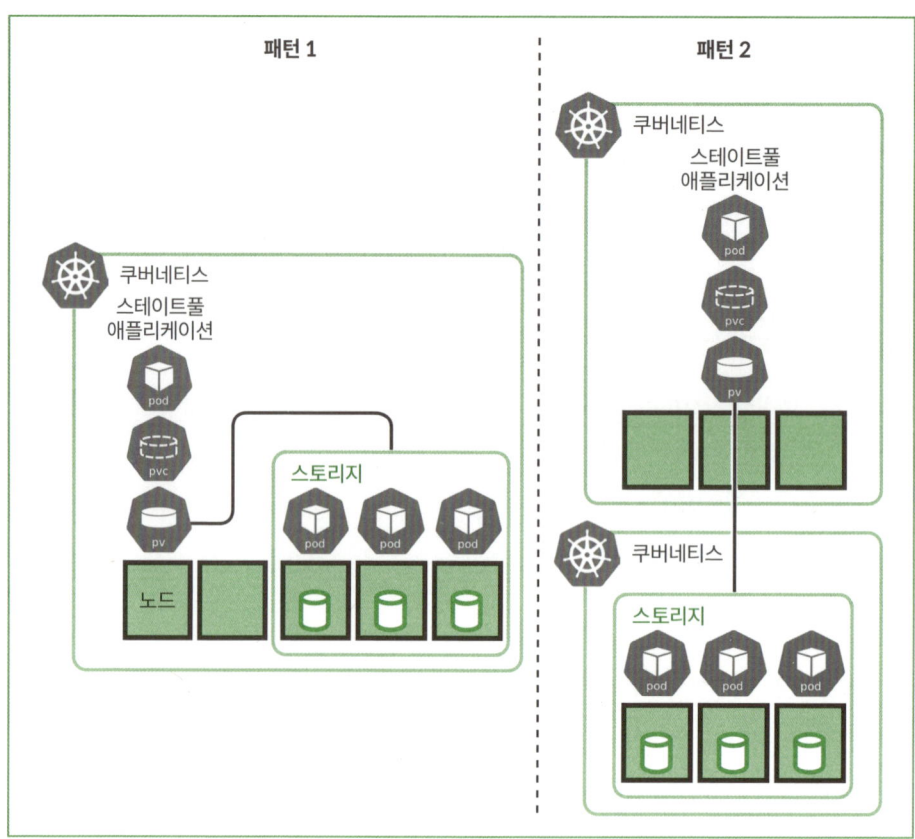

그림 6-5 쿠버네티스 네이티브 스토리지

쿠버네티스 네이티브 스토리지의 구성은 크게 두 가지 패턴으로 나뉜다.

첫 번째는 그림 6-5의 패턴 1과 같은 구성이다. 이 구성에서는 스토리지와 이를 이용하는 스테이트풀 애플리케이션이 같은 쿠버네티스상에 공존한다. 이 구성에서는 스토리지의 파드와 스테이트풀 애플리케이션의 파드가 동일 노드상에서 작동할 가능성이 있으므로 성능 간섭에 주의해야 한다. 스토리지에 따라 CPU나 메모리를 너무 사용하면 스테이트풀 애플리케이션의 성능이 저하된다. 거꾸로 스테이트풀 애플리케이션이 CPU나 메모리를 너무 사용하면 스토리지의 성능이 저하된다.

한편 I/O 성능을 중시하는 경우, 스토리지가 제공하는 볼륨과 스테이트풀 애플리케이션을 굳이 같은 노드상에 배치하여 네트워크 간섭을 피해 I/O의 성능 향상을 꾀하는 스토리지도 있다. 이용하는 스테이트풀 애플리케이션의 성능을 고려하여 스토리지의 파드를 배치할 노드를 검토하면 좋다.

두 번째는 그림 6-5의 패턴 2와 같은 구성이다. 이 구성에서는 스토리지 전용 쿠버네티스를 마련한다. 즉, 스테이트풀 애플리케이션을 작동시킬 쿠버네티스와 스토리지를 작동시킬 쿠버네티스를 구분한다. 이를 통해 스테이트풀 애플리케이션 파드와 스토리지 파드의 성능 간섭을 막을 수 있다.

또한 애플리케이션을 개발하고 운용하는 부서와 스토리지 부서가 분리된 경우에는 별도의 쿠버네티스를 관리하게 되므로 관리 편의성이 높아진다. 반면에 쿠버네티스의 개수가 늘어나므로 쿠버네티스 자체에 대한 관리 부하가 늘어난다는 단점도 생긴다.

패턴 1, 2 모두 장점과 단점이 있으므로 조직 체계나 이용하는 스테이트풀 애플리케이션의 특징을 고려하여 어느 구성이 적합한지 검토한다.

이처럼 쿠버네티스 네이티브 스토리지는 쿠버네티스를 활용하여 클라우드 네이티브의 개념을 쉽게 활용할 수 있는 플랫폼으로, 스토리지 관리자가 '최소한의 노력으로 영향이 큰 변경을 자주 그리고 예측대로 수행'할 수 있게 해준다. 클라우드 네이티브 스토리지는 연관된 스토리지 제품이 나오고 있지만 아직 성숙한 제품이라고 할 수 없는 도전적인 스토리지다.

그러나 스토리지 운용 부하를 줄이는 등 많은 이점을 제공하므로 클라우드 네이티브 방식으로 스토리지 운용을 바꾸려는 독자는 꼭 도전해보기 바란다.

마치며

이 책에서는 스토리지를 이제 막 배우기 시작한 사람 또는 다시 배우려는 사람을 대상으로 스토리지를 설명했다. 스토리지는 제조사마다 다양하게 구현돼 있어 특징이 각기 다르다. 이 책에서 설명한 것과 다르게 구현된 스토리지를 사용 중인 독자도 있을 것이다. 그렇다고 해도 표준 사양의 스토리지 지식을 갖추면 응용할 수도 있고, 스토리지를 교체했을 때도 망설이는 일이 적어진다.

컴퓨터 중에서도 역사가 길고 지금도 매일 진화하고 있는 스토리지의 세상은 깊고 넓은 바다와도 같다. 이 책을 통해서 여러분이 스토리지에 관한 지식수준을 높이고, 스토리지 세상으로 첫걸음을 내디뎠다고 느끼길 진심으로 바란다.

마지막으로 이 책의 리뷰를 해준 스토리지 네트워킹 산업 협회Storage Networking Industry Association, SNIA 일본지부 기술위원회 위원장인 요코이 노부히로橫井 伸浩, 야후! 제12대 검은띠(스토리지)인 누마타 고키沼田 晃希, IIJInternet Initiative Japan의 기쿠치 다카히로菊地 孝浩 님에게 감사를 전한다.

진솔한 서평을 올려주세요!

이 책 또는 이미 읽은 제이펍의 책이 있다면, 장단점을 잘 보여주는 솔직한 서평을 올려주세요.
매월 최대 5건의 우수 서평을 선별하여 원하는 제이펍 도서를 1권씩 드립니다!

- **서평 이벤트 참여 방법**
  1. 제이펍 책을 읽고 자신의 블로그나 SNS, 각 인터넷 서점 리뷰란에 서평을 올린다.
  2. 서평이 작성된 URL과 함께 review@jpub.kr로 메일을 보내 응모한다.

- **서평 당선자 발표**

  매월 첫째 주 제이펍 홈페이지(www.jpub.kr)에 공지하고, 해당 당선자에게는 메일로 연락을 드립니다.
  단, 서평단에 선정되어 작성한 서평은 응모 대상에서 제외합니다.

독자 여러분의 응원과 채찍질을 받아 더 나은 책을 만들 수 있도록 도와주시기 바랍니다.

찾아보기

A, C

Active-Active	41
Active-Stanby	41
AHCI (Advanced Host Controller Interface)	15
AZ (availability zone)	119, 147
CDMI (cloud data management interface)	59
CHAP (Challenge-Handshake Authentication Protocol) 인증	173
CIFS (Common Internet File System)	20
CIM (Common Information Model)	21
Cinder	84
cluster admin	101
cluster wide resource	101
CMR (conventional magnetic recording)	14
CNI (Container Network Interface)	95
COW (copy on write)	48
CRI (Container Runtime Interface)	95
CSI (Container Storage Interface)	95
CSI 드라이버	97

D, E, F, G

data retention	179
DBA (data block address)	53
Delete	104
Dynamic Volume Provisioning	105
erasure coding	30
FC (Fibre Channel)	3, 7
FC-SAN (Fibre Channel storage area network)	18
FCP (Fibre Channel Protocol)	18
Generic Ephemeral Inline Volumes	110, 121

H, I, L

HA (high availavility)	146
HAMR (heat-assisted magnetic recording)	14
HDD (hard disk drive)	3, 13
HTTP	7
HTTPS	7

I/O 블렌더	82
IOPS (input/output operations per second)	163, 164
IQN (iSCSI qualified name)	38
iSCSI (Internet Small Computer Systems Interface)	4, 18, 173
iSCSI 이니시에이터	65
LBA (logical block addressing)	32
LU (logical unit)	26
LUKS (Linux Unified Key Setup-on-disk-format)	175
LUN (logical unit number)	37
LVM (Logical Volume Manager)	64

M, N

MAMR (microwave assisted magnetic recording)	14
Manila	88
Manual Volume Provisiong	105
MLC (multi level cell)	14
MTBF (mean time between failure)	190
MTTF (mean time to failure)	190
namespaced resource	101
NAND 플래시	13
NAS (network-attached storage)	5, 7
NFS (Network File System)	4, 19, 173
North-South	42
NVM 익스프레스(NVMe)	16
NVMe (NVM Express)	16
NVMe-oF (NVM Express over Fabrics)	7, 19

O, P, Q

Opal	176
OSS (Open Source Software)	79, 132
PATA (Parallel ATA)	15
PCI 익스프레스(PCIe)	16
PCIe (Peripheral Component Interconnect Express)	16
PLC (penta level cell)	14
Pod Topology Spread Constraints 기능	119
PPP (Point-to-Point Protocol)	173
PV (PersistentVolume)	100
PVC (PersistentVolumeClaim)	100
QLC (quad level cell)	14
QoS (Quality of Service)	140

R

RAID 0	27
RAID 1	28
RAID 1+0	28
RAID 5	28
Raw Block Volume	110, 112
ReadOnlyMany (ROX)	102
ReadWriteMany (RWX)	102
ReadWriteOnce (RWO)	102
ReadWriteOncePod (RWOP)	103
Recycle	104
replication	30, 41
Retain	104
RIAD	26
RPO (Recovery Point Objective)	150
RTO (Recovery Time Objective)	150

S

SAN (storage area network)	4, 37
SAS (Serial Attached SCSI)	15, 35
SATA (Serial ATA)	15, 35
SC (StorageClass)	100
SCSI (Small Computer System Interface)	3, 15, 37
SCSI-FCP (Fiber Channel Protocol for SCSI)	18
SDS (software-defined storage)	10, 130
SED (self-encrypting drive)	176
SLC (single level cell)	14
SMB (Server Message Block)	4, 7, 20, 173
SMB 암호화 기능	173
SMI-S (Storage Management Initiative Specification)	21
SMR (shingled magnetic recording)	14
SNIA (Storage Networking Industry Association)	20
SSD (solid-state drive)	10, 13, 35
Swordfish	21

T, V, W, X

thick provisioning	32
thin provisioning	33
TLC (triple level cell)	14
Topology	110, 119
triple replication	30
VG (volume group)	64
VM (virtual machine)	79, 93, 133
Volume Cloning	110, 115
Volume Expansion	110
Volume Snapshot&Restore	110, 115
VolumeSnapshotClass	116
VolumeSnapshotContents	116
VolumeSnapshots	116
West-East	42
WORM (write once read many)	178
WWN (World Wide Name)	38
XOR (exclusive or)	29

ㄱ

가비지 컬렉션(GC)	14
가상 디스크 모드	80, 81
가상 머신 관리 소프트웨어	79
가상 머신(VM)	75
가열 자기 기록(HAMR)	14
경량 디렉터리 액세스 프로토콜(LDAP)	54
경로 설정	37, 85
계층적 스토리지 관리(HSM)	35
고가용성(HA)	146
고급 호스트 컨트롤러 인터페이스(AHCI)	15
공개형 클라우드	136
공통 인터넷 파일 시스템(CIFS)	20
기와식 자기 기록(SMR)	14

ㄴ

내장 드라이브	2
네임스페이스	100
네트워크 결합 스토리지(NAS)	5
네트워크 파일 시스템(NFS)	19

논리 볼륨 관리자(LVM)	64
논리 블록 주소 지정(LBA)	32
논리 장치(LU)	26

ㄷ

다운타임	149
데이터 보호 기술	30
데이터 서비스	58
데이터 손상	154
데이터 오브젝트	60
데이터 플레인	17
데이터 플레인 암호화	172
동기	45
동기 미러	182
드라이브	25
드라이브 암호화	176
드라이브 장애	145
디그레이드 상태	163
디스커버리	63
디스크 셸프	10

ㄹ

라우팅	80
랜덤 I/O	164
레이턴시	163, 164
로컬	43
록인	20
루트 컨테이너	60
리눅스	65
리모트	43

리모트 미러	147
리전	148

ㅁ

마운트	67, 70, 75, 87
마이크로파 지원 자기 기록(MAMR)	14
멀티 레벨 셀(MLC)	14
멀티 테넌트 기능	140
멀티 테넌트 설계	140
멀티 홉	44
멀티패스 구성	40
미러	43, 47
미러링	28, 46
미션 크리티컬	181

ㅂ

반환 정책	104
배타적 논리합(XOR)	29
백업	150
베어메탈 서버	63, 133
병렬 ATA(PATA)	15
보안	142
복원	49
복제	30
볼륨	25, 32, 84
볼륨 그룹(VG)	64
볼륨 손상	154
볼륨 할당	88
볼륨/스토리지 풀 암호화	176
부모 아이노드 숫자	53

블록 스토리지	7, 25, 52, 58, 65, 127
비동기	45, 46
비트 로커	175
비휘발성 메모리	13

ㅅ

사이트 장애	148
상태 모니터링	163, 167, 168
서버 메시지 블록(SMB)	20
서버 사이드 백업	152
성능 간섭	142
성능 모니터링	163, 168, 169
소스	43
소프트웨어 정의 스토리지(SDS)	10
솔리드 스테이트 드라이브(SSD)	13
수직 자기 기록(CMR)	14
순차 I/O	164
스냅숏	43, 48, 153, 154
스루풋	164, 164
스케일 아웃	130
스케일 업	130
스테이트리스 애플리케이션	192
스테이트풀 애플리케이션	192
스토리지	3
스토리지 관리 API	160
스토리지 네트워킹 산업 협회	20
스토리지 모델	100
스토리지 사이드 백업	152
스토리지 서버 손상	154
스토리지 서버 장애	147
스토리지 어레이 시스템	2

스토리지 에어리어 네트워크(SAN)	3
스토리지 컨트롤러	10
스토리지 풀	25
스토어 서비스	58
스트라이핑	27
스플릿	47
시리얼 부착 SCSI(SAS)	15
시점 복제본	49
싱글 레벨 셀(SLC)	14

ㅇ

아웃오브밴드	17
아이노드	53
아이노드 숫자	53
아이옵스(IOPS)	163, 164
아파치 메소스	96
애플리케이션/OS 암호화	175
액추에이터	12
액티브 디렉터리(AD)	54
어태치	64
어플라이언스 스토리지	9, 130
에뮬레이트	94
엔터프라이즈	183
연결 인터페이스	15
오버플로	47
오브젝트 스토리지	7, 57, 127
오퍼레이션 성능 모니터링	165, 168, 169
오프라인 백업	156
오픈소스 소프트웨어(OSS)	79
오픈스택	79
외부 스토리지	2

용량 간섭	143
용량/비용 모니터링	166, 168
웹 API	8
윈도우	68, 75
이니시에이터 포트	39
이중화	27, 181
인밴드	17
인피니밴드	19
일반 정보 모델(CIM)	21

ㅈ, ㅊ

자가치유	95
자기디스크(플래터)	12
자기테이프	3
자기헤드	12
자체 암호화 드라이브(SED)	176
작업 중지	156
장애 대책	145, 146
장치 인식	65, 68, 85
재해 복구(DR)	45, 148
저장 데이터 암호화	174
전환	149
점대점 프로토콜(PPP)	173
접근 모드	102
조닝	80
종이테이프	3
중복 제거	36
직렬 ATA(SATA)	15
집약도	143
챌린지-핸드셰이크 인증 규약(CHAP) 인증	173

ㅋ, ㅌ

카피 온 라이트(COW)	48
캐시 메모리	14
커널 기반 가상 머신(KVM)	84
커버로스 인증	173
컨테이너	58, 60, 93, 133
컨테이너 네트워크	95
컨테이너 네트워크 인터페이스(CNI)	95
컨테이너 런타임	95
컨테이너 런타임 인터페이스(CRI)	95
컨테이너 스토리지	95
컨테이너 스토리지 인터페이스(CSI)	95, 96
컨테이너 오케스트레이션	94
컨테이너화 스토리지	197
컨트롤 플레인	17
컨트롤 플레인 프로토콜	20
컨트롤 플레인 암호화	174
컨트롤러	25
컨트롤러 장애	146
쿠버네티스	93, 94
쿠버네티스 네이티브 스토리지	199
쿼드 레벨 셀(QLC)	14
쿼터	143
큐 오브젝트	60
클라우드 네이티브	187
클라우드 네이티브 스토리지	194
클라우드 데이터 관리 인터페이스(CDMI)	59
클라우드 레디 스토리지	194
클라우드 파운드리	96
클론	43, 46, 47, 153
클론(로컬)	154
클론(리모트)	154

키-값 저장 방식	59
타깃	43
타깃 포트	39
통신로 암호화	171
트리플 레벨 셀(TLC)	14

ㅍ, ㅎ

파이버 채널 프로토콜	18
파이버 채널(FC)	3
파일 공유	54
파일 서버	52
파일 셰어	52
파일 스토리지	7, 51, 74, 127
파일 시스템	52
파일 시스템 생성	66, 70, 86
파일 엑스포트 서비스	52, 58
패리티	27
패리티 데이터	28
패스스루 모드	80, 81
페어 상태	47
펜타 레벨 셀(PLC)	14
평균 무고장 시간(MTBF)	190
평균 회복 시간(MTTF)	190
폐쇄형 클라우드	136
포맷	54
포인트 인 타임 복사	48
포트	25, 52, 58
프로토콜 엔드포인트	25, 58
하드디스크 드라이브(HDD)	12
호스트 버스 어댑터(HBA)	4
혼합형 클라우드	198